# PALMAS PARA ANTÓNIO

# PALMAS PARA ANTÓNIO

Como o autismo do meu filho ampliou meu mundo

## Lana Bitu

Copyright © 2020, Lana Bitu
Todos os direitos reservados à Astral Cultural e protegidos pela Lei 9.610, de 19.2.1998.
É proibida a reprodução total ou parcial sem a expressa anuência da editora.
Este livro foi revisado segundo o Novo Acordo Ortográfico da Língua Portuguesa.

**Produção editorial** Aline Santos, Bárbara Gatti, Bruna Villela, Fernanda Costa, Natália Ortega e Tâmizi Ribeiro
**Preparação de texto** BR75 | Dimitri Rebello
**Revisão** BR75 | Silvia Baisch
**Capa, projeto gráfico e diagramação** BR75 | Luiza Aché
**Fotos** OSTILL is Franck Camhi/Shutterstock.com; Maram/Shutterstock.com;
**Foto da autora** arquivo pessoal

Dados Internacionais de Catalogação na Publicação (CIP)
Angélica Ilacqua CRB-8/7057

| | |
|---|---|
| B549P | Bitu, Lana |
| | Palmas para António / Lana Bitu. — Bauru, SP : Astral Cultural, 2020. |
| | 128 p. |
| | ISBN: 978-85-344-0016-9 |
| | 1. Autoajuda 2. Mãe de crianças autistas - Narrativas pessoais 3. Bitu, Lana - Narrativas pessoais 4. Crianças autistas 5. Maternidade I. Título |
| 19-2841 | CDD 926.1685882 |

Índice para catálogo sistemático:
1. Mãe de crianças autistas - Narrativas pessoais 926.1685882

 ASTRAL CULTURAL É A DIVISÃO LIVROS DA EDITORA ALTO ASTRAL

**BAURU**
Rua Gustavo Maciel, 19-26
CEP 17012-110
Telefone: (14) 3235-3878
Fax: (14) 3235-3879

**SÃO PAULO**
Rua Helena 140, Sala 13
1º andar, Vila Olímpia
CEP 04552-050

E-mail: contato@astralcultural.com.br

## — Mãe, cadê minha bermuda da escola, hein? Num tô achando...

São 12h45 de uma quarta-feira qualquer. A pergunta de António me alcança no escritório de casa, enquanto encerro a 56ª ligação de trabalho do dia. Confiro a hora no celular e meu irritômetro começa a girar. Sério que faltam quinze minutos para o moleque entrar na escola e nem de uniforme ele está?!

Adentro o quarto do meu filho com a sutileza de uma capotagem de carreta. Sou recebida pelo seu sorriso de monge budista que, idêntico desde bebê, me catapulta para o passado. Volto ao tempo em que António, então com quatro anos, não falava e pouco interagia. Passava o dia deitado no chão, alheio a tudo e a todos, hipnotizado pelas rodas de trens e carrinhos.

"E aí, mãe? Cê me ajuda a achar a bermuda ou não?"

A pergunta me resgata para o presente. O irritômetro zerou e, agora, o agradecimômetro trabalha em potência máxima. Pois é mesmo surpreendente a trajetória desse garoto atípico — termo usado para se referir a quem apresenta Transtorno do Espectro Autista (TEA). Já eu... Ah, sou uma mãe absolutamente típica. Por isso, tão logo desperto do meu devaneio, coloco-me diante da gaveta dos uniformes e rosno:

"Juro, António: se eu achar a bermuda aqui, vou esfregar na sua cara!".

## — Estás com febre?

Foi a pergunta de Paulo tão logo entrou em casa e me viu sentada no sofá da sala, olhar fixo no que parecia ser um termômetro.

"Não. Estou grávida", respondi, vidrada no teste de farmácia que acabara de fazer.

"Eita, que tenho mira!", vibrou meu marido com seu sotaque português, em uma tosca e hilária referência ao fato de que tínhamos parado de usar camisinha havia menos de um mês.

Passamos o resto do dia meio incrédulos. Já estávamos juntos há oito anos, mas havia poucas semanas que decidíramos que era hora de pararmos de usufruir de noites inteiras de sono, de viajarmos quando bem entendêssemos, de vivermos única e exclusivamente em prol das nossas necessidades e do nosso prazer. Resumindo: era hora de termos um filho.

Eu estava com trinta e seis anos e curti uma gravidez perfeita. Zero sono, enjoo ou azia. Não sofri uma mísera mudança de humor nem perdi a disposição. No quinto mês, participei de uma corrida de rua de 5 quilômetros e fiz musculação até três dias antes do parto. Os médicos eram só elogios: "Vocês estão ótimos, o bebê está se desenvolvendo maravilhosamente bem".

Assim, se a gestação é a pré-estreia da mulher na maternidade, a minha rendeu doses cavalares de autoconfiança. Certa de que tudo sempre funcionaria espontaneamente, e sem maiores preocupações, não li uma linha sobre o assunto — e, se o tempo voltasse atrás, continuaria não lendo, pois de nada adiantaria.

O máximo que fiz foi me inscrever em um site que, a cada semana, dizia o que estava se formando no bebê. Também participei do curso da maternidade sobre banho, troca de fraldas e amamentação. "Gente, muito tranquilo esse lance de filho; vou tirar de letra!", pensei. Pausa para me recuperar do acesso de riso que a constatação retroativa do meu absoluto despreparo acaba de me causar.

Então, após quarenta e uma semanas de gravidez e de quase quarenta e oito horas de tentativa de parto normal, nasceu António. De cesárea, porque o universo achou divertido me retribuir dois dias inteiros de contrações com sete dedos de dilatação e nem um milímetro a mais. Pesava 3,550 quilos, media 49 centímetros e tirou 10 no Apgar (teste que avalia a vitalidade do recém-nascido).

Eram 10h09 de 7 de outubro de 2009. Se a vida tivesse cabine de comando e um piloto nela, ele, com certeza, nos teria dito: "Apertem os cintos e preparem o fôlego, pois as turbulências serão inevitáveis e as máscaras de oxigênio... Ah, essas quase nunca caem automaticamente".

...

— Que diabos fui fazer da minha vida?!

Não houve um dia, nos seis primeiros meses de vida do António, em que essa dúvida tenha dado trégua ao meu pouco juízo. Não, não tive depressão pós-parto. Eu tive raiva pós-parto! Esta egocêntrica e comodista criatura que vos fala ficou inconformada em ter que dar *pause* no trabalho, nos jantares, nas viagens, nos livros e nas séries, nos treinos de corrida e tudo o mais para dedicar-se em tempo integral a alguém que, opa, sequer conhecia!

11

Parabéns às mães que se apaixonam pelos filhos ainda na barriga, pois euzinha demandei convivência para aprender a amar minhas crias. Não foi imediato, "você existe, logo, te amo incondicionalmente" — sobe a música de vilã desalmada, produção!

Pior que eu reclamava de barriga cheíssima. Tom foi um bebê saudável, risonho, tranquilo e comilão. Virou, rolou, rastejou e sentou na hora certa; engatinhou à vontade e, aos onze meses, já andava pra lá e pra cá. Com um ano falou "mamãe" e "água" e aprendeu a bater palmas. Tudo no rumo esperado... Até completar um ano e dois meses e iniciarem-se o que, na época, eu chamava de "manias".

Do nada, começou a andar na ponta do pés, sacudindo ritmicamente as mãos na altura dos ombros. Qualquer barulho virou tormento: ele tapava ambos os ouvidos com as mãos e se contorcia aflito, a carinha em pânico. Batia no próprio rosto. Observava os objetos pelo canto do olho e desenvolveu uma obsessão por tudo o que girava. Ficava horas deitado no chão, olhando o vai e vem das rodinhas dos carros e trens que ele movia repetidamente — para trás e para frente, para trás e para frente...

Continuava sorridente e receptivo a carinhos e abraços, mas passou a ignorar quando o chamávamos. Mesmo quando atendia, nos encarava por pouco tempo, com ar desinteressado. Era alheio a outras crianças e não falava nenhuma palavra além de "mamãe" e "água".

Paulo e eu estranhávamos, óbvio. Mas foi tênue, muito tênue, a linha que separou nossa inexperiência de pais de primeira viagem da nossa resistência em encarar a realidade. Por isso, tranquilizávamos um ao outro: "É fase, vai passar"; "Talvez seja o jeitão dele de ir experimentando o mundo"; "Ele irá se desenvolver no tempo dele".

Engraçado: hoje, sentada diante do computador para escrever este livro, percebo que Paulo e eu não estávamos dando tempo para o Tom — mas, sim, para nós mesmos. Tempo para ficarmos aptos a lidar com a assustadora realidade de ter um filho atípico. Tudo bem: o tempo dos pais é tão legítimo quanto o da criança. Porque filho, atípico ou não, SEMPRE demanda reprogramação de expectativas. E esse processo demora.

Demora uma vida inteira. Começa na fecundação — para muitos, até antes. Já vi mulher consultar astróloga para entender como é o bebê de cada signo e, assim, programar a época de engravidar e de dar à luz de forma a "gerar uma criança que tivesse a ver com ela". Fico devendo o desfecho dessa história — os astros não quiseram que nos mantivéssemos em contato.

Porém, du-vi-de-o-dó que o filho leonino ou aquariano (ela estava entre essas duas opções) seja uma fonte de absoluta e ininterrupta satisfação para a mãe ligada nos astros. Filhos nunca o são. Mais do que tudo, eles proporcionam aprendizado, por meio de processos didáticos que transformam nossa zona de conforto em uma vaga e longínqua lembrança.

Voltando: a reprogramação de expectativas começa na fecundação e, pelo que vejo, só acaba no último suspiro dos pais (caso você acredite em reencarnação, nem aí). Como se fosse pouco durar infinitamente, a prática nunca se automatiza: basta deixar o ego falar mais alto por alguns instantes e, opa, lá está você esperando que seu filho (ou filha) seja o próximo astro do futebol internacional.

Comigo e com Paulo não foi diferente. Expectativa: ele queria o moleque em uma escola internacional que o tornasse bilíngue o quanto antes; eu imaginava meu garoto chegando nas festas e centralizando as atenções com as melhores piadas. Realidade: agora, aos dez anos, nosso filho criou maior intimidade com o português; ao entrar em reuniões sociais, dá um "oi" geral, de longe, e procura um canto para pular e bater palmas! Como estamos com isso? Impressionados e agradecidos. Em vários momentos, duvidamos que ele chegaria a tanto...

...

— Pelo que observamos do comportamento do António na escola, recomendamos o quanto antes uma avaliação neurológica.

Lá se vão sete anos e meio desde que essa frase secou minha boca e disparou meu coração. Impressionante como pulsa intacto na minha memória o momento em que a ouvi.

Lembro das expressões sombrias da dona e da coordenadora da escolinha contrastando com a manhã ensolarada; lembro de parar de ouvir o que elas diziam e só escutar uma enxurrada de pensamentos no meu cérebro; lembro do olhar do Paulo, me perguntando em silêncio: "E agora?!"; lembro de fingir tranquilidade ao responder que, claro, iríamos investigar e compartilhar tudo o que viéssemos a descobrir; lembro de entrar no carro, ir muda para casa, entrar no chuveiro e ter minha primeira grande crise de choro pelo medo do que a vida reservava para António, para Paulo e para mim.

Não que eu estivesse surpresa. Já havia um ano que meu filho, então com dois anos e meio, vinha desenvolvendo comportamentos estranhos. Aí você me pergunta: "Pelamordedeus, mulher, em que mundo você vivia que ainda não tinha levado essa criança num especialista?!". Ora, eu vivia (e ainda passeio muito por ele...) no Incrível Mundo da Mãe Sossegada — capricha na música de fantasia, produção!

Sabe aquela mãe que nunca imagina o pior? *Soy yo*! Se telefonam da escola no meio da aula dos meninos, por exemplo, meu sobressalto é zero. Sequer cogito que tenham se acidentado ou estejam doentes. Sempre deduzo tratar-se da mera confirmação de alguma reunião ou passeio. Bem diferente daquelas mães que hiperventilam e ficam com um lado do corpo dormente a cada ligação recebida da escola.

Pediatra só viu filho meu nos doze primeiros meses de vida, e, sim, isso explica um bocado sobre a demora da ficha em relação ao António cair. A nosso favor, meritíssimo, tenho a dizer que meus moleques têm saúde de ferro. Não justifica, mas atenua o delito, vai...

Há quem entenda o meu "sossego maternal" como maturidade e força. Já outros o definem como comodismo e falta de noção. Parabéns, classe, vocês gabaritaram a análise: conforme poderão constatar no decorrer deste livro, em maior ou menor grau, todos esses elementos fizeram, fazem e farão parte de quem sou.

2

— É um atraso de linguagem e nada mais. Se este menino for autista, eu rasgo o meu diploma!

O diagnóstico nos foi dado por um dos mais renomados neurologistas infantis da América Latina, quando António tinha apenas dois anos e meio de idade. Nós o consultamos tão logo a escola alertou sobre a necessidade de uma avaliação médica. Sim, o cidadão errou feio, errou rude.

Eu deveria tê-lo presenteado com uma trituradora de papel. Em vez disso, dedico-lhe gratidão. De verdade: aquelas duas horas de consulta me proporcionaram percepções sem as quais, tenho certeza, António não teria evoluído como evoluiu.

Percepção 1: todo o conhecimento do universo vale nada se não for aplicado de maneira empática. O tal neuro focou única e exclusivamente nos sintomas, sem contextualizá-los no António. Se o tivesse feito, concluiria o mesmo que eu, então leiga de tudo: "Mais importante do que cravar um diagnóstico, neste momento, é trabalhar a principal questão que se coloca aqui, que é o atraso da comunicação como um todo".

Isso me levou à percepção 2: respeito muitíssimo o conhecimento, mas confio igualmente na minha intuição. Desde aquele dia, sempre que Paulo e eu precisamos escolher os caminhos a seguir com nossos filhos, contrabalanceamos doses de informação e de instinto. As proporções, claro, variam de caso para caso. Mas jamais abrimos mão por completo de uma ou de outro.

Após alguns testes bastante mecânicos e impessoais, Dr. Diploma Rasgado nos orientou a procurar uma fonoaudióloga.[1] Comentei sobre uma prima que trabalhava nessa área, dentro do método conhecido como

---

1 Fonoaudióloga: profissional da área de saúde que trabalha com diferentes aspectos da comunicação humana — linguagem oral e escrita, fala, voz, audição e funções responsáveis pela deglutição, respiração e mastigação.

Reorganização Neurofuncional (detalharei mais adiante). O homem virou um bicho!

"Como uma jornalista esclarecida como você pode cogitar submeter seu filho a uma pataquada dessas?!", indignou-se.

Olá, percepção 3: só depois de conhecermos um método é que Paulo e eu tiramos conclusões. Há tratamentos convencionais que não funcionaram para o António e surtiram incríveis efeitos em outros atípicos. E vice-versa. Há linhas alternativas que fizeram maravilhas pelo meu filho e não significaram nada para algumas crianças. E vice-versa.

Após cinquenta e cinco minutos de consulta, saímos da sala mais confusos do que quando entramos.

"O que achas?", perguntou Paulo, no elevador.

"Acho que temos que focar no atraso de linguagem e ir atrás de uma fono", disse, evitando responder o que ele realmente havia me perguntado.

"Mas achas que ele tem autismo?", insistiu o tuga, o olhar angustiado fixo no Tom.

"Acho que não", respondi, sem me estender na mentira.

"Duvido muito que nosso filho não seja autista."

Essa teria sido minha resposta sincera naquele dia. Desde a reunião na escola, eu vinha pesquisando na internet os sintomas do Tom e, invariavelmente, a busca desembocava em sites e artigos sobre autismo. A cada clique, eu percebia mais e mais que António tinha sérias chances de estar no espectro.

Porém, não queria me precipitar. Minhas pesquisas haviam deixando claro que cravar um diagnóstico demandava tempo. Exigia análise profissional de aspectos bastante subjetivos do comportamento, que vão muito além das características que compõem a clássica lista de comportamentos que sinalizam Transtorno do Espectro Autista (TEA).

Além disso, eu também não estava nada a fim de lidar com o choque e a ansiedade das pessoas. Até ali, por mais que estranhassem o jeito do António, nossos amigos e familiares procuravam encarar da mesma maneira que Paulo e eu antes do alerta da escola: era uma fase e iria passar. Hoje, sei que alguns já desconfiavam do autismo. Mas, graças à sensibilidade e ao bom senso, preferiram esperar que nós levantássemos a bola.

Só compartilhava minhas desconfianças com minha mãe, D. Madalena, e Jana (minha melhor amiga). Sabia que, tão logo trouxesse o assunto à tona, seria dada a largada para um Grand Prix de dúvidas e sugestões e compartilhamento de informações que, por mais legítimos e bem-intencionados, consumiriam tempo e energia dos quais nem eu nem Paulo dispúnhamos.

Mesmo entre nós, o tema já era delicado. Veja bem: sou de Humanas, aquela que faz miçangas. Paulo é da trupe de Exatas, que se excita com planilhas. Por DNA, por criação e até por nacionalidade, sempre tivemos formas diferentes de reagir à vida e, claro, à condição do António. Por sorte e por um permanente trabalho mútuo, cada vez mais, nossos jeitos se complementam e se compensam. A racionalidade dele impede que minha impulsividade bote tudo a perder; meu otimismo evita que o pessimismo dele acabe com a esperança. Conseguimos, gradativamente, caminhar em ritmos bem parecidos, apesar de volta e meia um ainda ser obrigado a atrasar ou adiantar o passo pelo outro. Porém, na época em que começamos a atinar para o quadro do António, levou um tempo até cada um conseguir entender como estava digerindo a situação e mais outro tempo para saber partilhar isso como casal.

Sempre fui a otimista da relação, com perene esperança na capacidade do Tom de levar uma vida autônoma. Já Paulo demorou até o ano passado para acreditar, de verdade, que ele poderá se virar sozinho na vida adulta.

Por outro lado, sempre fui a mais suscetível ao julgamento alheio, aos olhares de estranheza. Paulo nunca se preocupou com o que os outros pensam.

"Não fazendo meu filho sofrer, pouco me importam fulanos e beltranos", costuma dizer.

Levei anos para alcançar meu marido nesse quesito. Lembro que, tão logo António começou a manifestar comportamentos diferenciados, tratei de nos isolar. Evitava reuniões da turma, restaurantes... Fugia de qualquer ambiente ou situação no qual ele pudesse ser observado e, sobretudo, comparado a outras crianças. Só íamos à casa da minha mãe ou à do meu irmão e a parques abertos, onde pudéssemos brincar sem ninguém por perto. Nem pensar em encontrar minhas amigas e suas proles na pracinha.

O instinto de proteção é algo poderoso — ainda mais quando em prol da autopreservação. Pois que fique claro: o que me movia, naquela época, não era a preocupação em poupar meu filho do julgamento das pessoas; eu queria poupar a mim mesma.

Dureza sentir a angústia gelar as veias e encurtar a respiração a cada vez que um encontro inevitável me obrigava a observar a evolução dos outros bebês. Medo, inveja, vergonha, autopiedade e raiva se alternavam dentro de mim ao ver crianças mais novas ganhando vocabulário e habilidades, aprendendo a brincar umas com as outras e a explorar o mundo. "Quando meu filho vai conseguir entrar nessa ciranda?", eu me perguntava nos dias bons. "E se ele nunca entrar?", me perguntava nos maus.

"Você não coloca o António na roda, Bitu! Você precisa parar com isso e começar a colocar o Tom na roda!"

Eu quis pegar dois aviões para o Polo Norte — um para mim e outro para minha vergonha — quando a Carol me tascou essa. Estávamos sentadas no chão da sala de casa, conversando amenidades. A frase veio do nada, em um tom parceiro, porém inegociável. O olhar era de afeto, mas dizia: "Eu sei o que você está fazendo e por que está fazendo, e isso não vai te levar a lugar algum". Me senti pelada em plena Avenida Paulista.

Calei. Carol não insistiu no assunto. Não precisava. O recado estava dado e a verdade, escancarada — mesmo sem nunca termos falado sobre ela até então. Foi um momento de profundo afeto e confiança, que dispensou maiores gestos ou verbalizações. Eu confiei na legitimidade do que a levara a se manifestar. Ela confiou que eu faria bom uso do que acabara de ouvir.

O chacoalhão me comprovou que afastar António das pessoas não as impedia de perceber a condição dele —

nem a minha frustração. Na verdade, esta acabava até evidenciada e me oprimia ainda mais. Fui entendendo que nos privar — tanto Tom quanto Paulo e eu — de estar em meios diversos acarretava uma perda de parâmetros que só servia para agravar as dificuldades de fala dele. Ok, eu estava disposta a entrar na dança.

Começamos pela escola. Nossa família entrou quando Tom estava com um ano e quatro meses. Viva a linha construtivista e o foco/respeito dela pelo processo de aprendizado e amadurecimento de cada! Foi de ouro a possibilidade cotidiana que tivemos de conviver com educadores, crianças e pais que procuram entender e valorizar a diferença. Baita oportunidade a de "ensaiar", em um ambiente acolhedor, os inevitáveis estranhamentos com os quais convivíamos cada vez mais, à medida que ampliávamos os círculos sociais do nanico. Eu continuava sofrendo com os olhares alheios, mas estava determinada a relevá-los ao máximo.

A adaptação de António foi tranquila. Ali, ele nos deu as primeiras mostras da sua misteriosa e crescente capacidade de se permitir pessoas e situações, quando sente que serão boas para ele. Eram manhãs de muitas brincadeiras e aventuras... para os filhos dos outros.

O meu ficava tranquilo, mas na dele. Voltava limpíssimo da escola, pois não se envolvia nas atividades coletivas nem interagia com outras crianças. Era um esforço diário dos educadores fazer com que ele ficasse de pé, saísse do seu canto e largasse os carrinhos para comer, ouvir histórias... Ele ia, mas não se conectava. Até sentava na roda da história, mas ficava olhando de longe para o lugar dos carrinhos. Pintar, modelar massinha, andar na terra, experimentar alimentos? Nem pensar! Não que o horror à sujeira tenha sido de todo mau: graças a ele, Tom desfraldou facinho, aos dois anos.

Alimentação tinha virado outro desafio. Tom, que até um ano comia de tudo, de repente, passou a só aceitar alimentos pastosos; recusava novas texturas e paladares. De um momento para o outro, seu cardápio se restringiu a leite puro, banana, pão, água, carnes, batata e arroz — e permaneceu assim por anos.

Ainda assim, a fome era sua única motivação para falar. Até os quatro anos, as únicas palavras espontâneas dele eram água, pão, banana e mamãe — por ordem de importância. Eu podia implorar durante horas por um simples "papai" ou um mísero "dá", que António mal me olhava. A comunicação era truncada, instável. Então, a fonoaudiologia entrou nas nossas vidas.

— Minha prioridade não é atender a ansiedade por um diagnóstico, mas, sim, ajudar o António a se comunicar. Quanto tempo vai levar? Não sei.

A fonoaudióloga terminou a frase e nos encarou com expressão carinhosa. Paulo não retribuiu. Desde a malfadada consulta ao Dr. Diploma Rasgado, estava elevada à milésima potência a necessidade dele de saber o que o António tinha, qual era a cura e quando ela aconteceria. Qualquer proposta fora disso o frustrava.

"Tudo bem, já entendemos que o processo do António será no estilo Alcoólicos Anônimos: um dia de cada vez, tanto para ele quanto para a gente. Né, Paulo?", cutuquei meu marido. Ele esboçou um sorriso tão forçado que parecia estar tendo um AVC.

No caminho para o estacionamento, me questionou:

"Me relembra: por que mesmo a gente não procura outro neuro?"

"Porque não vale a pena desperdiçarmos tempo, energia e dinheiro com suposições, e isso é o máximo que qualquer médico sério poderá fazer. A gente já pesquisou e sabe que, para cravar diagnóstico, é preciso ter uma fonoaudióloga ou uma terapeuta ocupacional[2] acompanhando o Tom por um tempo, juntamente com um neuropediatra. Bora, então, começar com a fono, e aí vemos."

Já a partir da segunda-feira seguinte, duas vezes por semana, Paulo e eu nos alternávamos no horário de almoço para levar nosso filho às sessões. Era maio de 2012. Tom curtia. Competente, atenta e carinhosa, a

---

[2] Terapeuta ocupacional: profissional da área de saúde que emprega atividades cotidianas (brincadeiras, no caso de crianças) na prevenção, no tratamento e na reabilitação de indivíduos com alterações cognitivas, perceptivas, psicomotoras e afetivas.

fono usava jogos e brincadeiras para estimular a fala/e a comunicação. Tudo alinhado com a metodologia da escola, que ela fez questão de conhecer.

Cada sessão durava cerca de quarenta e cinco minutos. Paulo e eu só podíamos entrar nos dez ou cinco minutos finais. Foi a nossa estreia no Capcioso Universo das Salas de Espera — sobe a música clássica em versão psicodélica, produção!

Ah, os *insights* que pipocam na cabeça de quem aguarda o filho na terapia... Nem tive muitos: eu passava 90% do tempo lendo revistas (lembra delas?) ou no celular, jogando o game da cobrinha (lembra dele?). Mas os 10% restantes... tome surra de autoconsciência.

Se aquele sofá falasse, contaria como me viu aprender o principal sobre fonoaudiólogas, terapeutas ocupacionais, psicólogas e afins: as sessões são muito mais para os pais do que para a criança. Elas têm limitadíssimo efeito se não lhes dermos continuidade fora dali. A questão é que isso implica em assimilarmos os processos e nos reeducarmos de acordo com eles.

Repare que não escrevi "educarmos o filho"; escrevi "NOS reeducarmos". No dia em que percebi isso, me senti no carro dianteiro da montanha-russa quando ele chega no alto da primeira subida e dá aquela paradinha.

Ou boiando ao lado de um iceberg e me dando conta de que a imensa ponta que se projetava trinta metros acima da água era nada se comparada aos quilômetros de gelo mergulhados rumo ao breu do fundo do mar. "Corneteiro, toca fodeu!", murmurei para o universo.

...

— Não achas que há pouca melhora?

António estava completando um ano e meio de acompanhamento fonoaudiológico quando Paulo passou a trazer essa dúvida para a mesa de jantar, semana sim, semana não. Minha resposta era sempre a mesma:

"Sim, eu tenho a impressão de que a melhora é pouca e lenta. Mas uma coisa é o que a gente deseja. Outra é o que é possível. Também não tenho noção do que seja considerado rápido ou vagaroso nesses processos. Cada caso é um caso, não tem como padronizar um calendário das evoluções esperadas".

Curioso como, naquela época, o atraso de linguagem de Tom desencadeava uma dinâmica inversa em mim e no meu marido. Eu, a eterna apressada e agitada em relação a tudo, era estranhamente calma no tocante ao ritmo evolutivo do nosso filho. Já Paulo, sempre tão tranquilo com as eventuais lerdezas da vida, vivia atormentado pela ansiedade.

"Morro de medo do Tom ir devagar por estarmos fazendo pouco por ele", dizia-me.

Taí um fantasma que nunca me assombrou. Faz pouco por um filho quem não respeita a individualidade dele; quem não contextualiza suas forças e fragilidades; quem não busca nelas a inspiração para revisar as próprias certezas e posturas. Muito cedo, Paulo e eu entendemos que só assim exerceríamos nosso amor de pai e mãe — e arregaçamos as mangas. Às vezes até o ombro, às vezes apenas até um pouco acima do pulso; dependia da demanda e da nossa energia. O importante é que sempre disponibilizamos o máximo possível de nós mesmos.

Eu sei, o "pouco" a que Paulo se referia era mais no sentido de tratamentos, de especialistas. Mas volto ao mesmo ponto: nem a melhor escola nem os mais competentes especialistas conseguem realizar um trabalho pleno se a criança não desfrutar de um ambiente familiar lúcido, sólido, harmônico. E isso, por sorte, destino, merecimento ou sei lá o quê, nunca faltou a António.

Durante os quase dois anos desse trabalho fonoaudiológico, houve melhoras. Tom não andava mais na ponta dos pés nem se batia. Às vezes, conseguia se concentrar por uns minutos em certas brincadeiras. Também passou a repetir uma ou outra palavra, mas seguia sem assimilá-las ou reagir ao que era dito.

Na contramão das melhoras, novas características do TEA deram o ar da graça. Primeiro foi a mania de pular, sobretudo por alegria e ansiedade. Era impressionante vê-lo saltitar no mesmo lugar sem parar, enquanto assistia a desenhos inteiros. Depois, percebemos sua indiferença às temperaturas: simplesmente não sentia frio nem calor. Vieram ainda a rejeição a roupas que não fossem de malha e o pânico de cortar o cabelo. Eram necessárias duas pessoas para segurá-lo. O coitado saía do salão exaurido de tanto chorar e gritar.

Também ganharam força total os interesses obsessivos. Foram anos assistindo, todo santo dia, por horas seguidas, aos filmes do trem Thomas e Seus Amigos — personagem que as crianças atípicas tendem a amar.[3] Traumatizei num grau que até hoje a musiquinha de abertura me dá gana de arremessar toda a turma da ferrovia de Sodor na parede.

Para nossa frustração, a fala continuava inexistente. Sem ela, o comportamento geral de António parecia cada vez mais imaturo em vários e importantes aspec-

---

[3] Pesquisas apontam que, em 90% dos casos, a vagarosa expressão dos trenzinhos e o perfil das histórias os ajudam a entender sentimentos humanos.

tos. Aos quase quatro anos, ele permanecia alheio às pessoas. Só tinha vínculo comigo, com Paulo, Helena (que nos ajuda a cuidar dele desde os sete meses de idade), minha mãe e uma educadora da escola. Não estava nem aí para as outras crianças. Para se ter ideia, ele quase não é visto nos DVDs com os melhores momentos dos três primeiros anos escolares. Nas raras aparições, ou está sozinho ou perdido no meio do grupo, olhando para o nada.

Nessa época, a escola deixou de ser o refúgio seguro das minhas aflições. Quanto mais Tom crescia, mais evidentes se tornavam as questões dele e o consequente não envolvimento com os colegas. Doía ver as crianças indo dormir nas casas umas das outras. Ele era convidado para todos os aniversários, mas o barulho e a movimentação o deixavam aflito e, ele não aceitava comer nada. Puro estresse. As festas na escola eram menos más. Não porque meu filho topasse participar, mas, ao menos, não sofria. Ia para o cantinho que curtia e lá ficava.

As pessoas reparavam como nunca. Na maioria das vezes, eu já conseguia ignorar as caras de estranhamento, os cochichos. Mas, quando a coisa descambava para o prejulgamento a respeito de Paulo e eu não estarmos dando a devida atenção ao caso... aí eu botava o Olaria em campo!

Como na vez em que encontrei uma conhecida no elevador do prédio de um amigo — ambas íamos jantar na casa dele. Eu estava com António e Janaína, minha amiga. A outra, com seus dois filhos. Assim que a porta fechou, aflito pela lotação, meu filho tapou os ouvidos, começou a pular e a disparar murmúrios incompreensíveis.

"Nossa! Ele vai à escola?!", perguntou a criatura, com expressão horrorizada.

"Claro! Uma escola afegã, daí falar assim", ironizei, sentindo a mão da Jana no meu braço como quem diz "não liga".

"Mas vocês o estimulam?"

Sério: que tipo de pergunta é essa? Qual o objetivo?

"Mais ou menos. A gente mantém ele numa jaula de segunda a sábado e deixa dar uma volta aos domingos", respondi, dentes trincados num sorriso psicopata. Jana soltou um "pega leve, nega!". Meu fígado espumou a noite toda.

"Deixa pra lá! Alguém que age assim não tem a menor condição de entender o que você diria", repetia minha amiga cada vez que eu ameaçava tirar satisfação.

Em dias mais sensíveis, eu derramava duas ou três lágrimas. Mas enxugava ligeiro. Em parte por orgulho. E muito por sentir que de nada adiantariam. Preferia mudar o foco e buscar me alegrar pela saúde de ferro do baixinho, pela paz e plenitude que ele emanava, por ter condições físicas, emocionais, financeiras, intelectuais (limitadas, mas vá lá) de cuidá-lo, por contar com um cara como o Paulo ao meu lado. Já nasci assim, meio PoliLANA. Para completar, fui criada por um casal de cearenses que me ensinou a não fazer drama e a rir da vida — mesmo quando ela faz a piada em silêncio.

...

"Tuiuiu, promete um dia me contar tudo sobre você? Me falar sua cor preferida, me dizer qual foi a graça do seu dia, me perguntar por que o trovão faz barulho...?"

Perdi a conta das vezes em que sussurrei isso no ouvido do António durante seus anos de mudez. Poético, mas nem tanto. Na verdade, era um truque baixo que eu usava para renovar as forças, nos momentos em que a incapacidade de falar do meu filho me deixava especialmente frustrada ou irritada.

Em algum lugar maluco do meu emocional, eu achava que aquela súplica atraía a atenção do universo (!). E que ele, comovido (!!) pela minha resiliência, daria um jeito, tão logo pudesse, de fazer brotar diálogos sem fim da boca do garoto (!!!). E pensar que meu cérebro é capaz de tudo isso sem um entorpecentezinho sequer: não bebo, não uso drogas nem tenho religião.

"Seguinte, universo: caso não lhe comova minha resiliência, por favor, apiede-se do fato de eu estar grávida de novo", negociava eu nos episódios mais desgastantes. Pois é, nós havíamos decidido experimentar mais desse amor doido que um filho desencadeia. A nova gravidez foi idêntica à do António, sem incômodo algum. Por um lado, isso me alegrava. Por outro, me fazia perder o sono no meio de algumas madrugadas. "E se esse bebê vier com as mesmas questões do António?", eu me perguntava, em absoluto sigilo.

Após quarenta e duas semanas (eu devo ser muito confortável, pois meus "inquilinos" custam a desocupar), Miguel chegou em uma cesárea tranquilíssima. Um molecão de 51 centímetros e 3,850 quilos, com pulmões dignos de Pavarotti. Como chorava! Foi ruim, mas foi bom. Porque desagravou um pouco o António no meu emocional, visto que, em alguns dias, o berreiro era tamanho que eu agradecia a mudez, o isolamento e a indiferença do primogênito — pessoas chocadas, por favor, dirigirem-se ao setor de devolução da livraria.

Interessante como um novo caos (minha definição perfeita de recém-nascido) sempre muda nossa perspectiva sobre o caos anterior. Não que totalmente; o silêncio de António continuou sendo a coisa mais ensurdecedora que a vida poderia me fazer experimentar. Teve o impacto de um meteoro na minha identidade, no meu entendimento de mundo.

Eu, uma jornalista com a urgência nata de entender e me fazer entender, ter um filho que justamente por não me entender nem se fazer entender tumultuava minhas prioridades.

Eu, uma criatura tão focada nas minhas necessidades, ser exigida em um longo, intenso e ininterrupto exercício diário de empatia. Pois só sabia das dores, fomes, sonos, medos e, alegrias do meu filho se me pusesse o tempo todo no lugar dele.

Eu, sempre tão cheia de certezas que me impediam de dar ouvido aos outros, ter um filho que me impregnava de dúvidas e de uma necessidade absurda de escutar. Escutar não com os ouvidos, mas com a intuição. Intuição que, em uma tarde qualquer, gritou na minha cabeça o primeiro dos quatro caminhos que revolucionariam nossos rumos.

4

— Vamos levar o Tom para uma avaliação com uma fonoaudióloga da Reorganização Neurofuncional?

Fiz a pergunta para Paulo em fevereiro de 2014, enquanto amamentava o Miguel. Sem titubear, o tuga respondeu que sim. Não que ele fosse fã do método — na verdade, nem sabia do que se tratava. Porém, andávamos mesmo frustrados com a evolução do quadro dentro da fonoaudiologia tradicional. Sabíamos que estávamos sob a batuta de uma excelente profissional. Mas nos questionávamos se aquela abordagem era a mais indicada para nosso filho. Precisávamos experimentar novas possibilidades. Sobretudo eu, que atravessava uma fase menos paciente desde a chegada do caçula, então com quatro meses. Sabe como é, gente cansada e com sono fica imediatista...

Além de o vocabulário de António ter ganhado poucas palavras, ele manifestara uma estranha "capacidade" de repetir diálogos de filmes e desenhos — a chamada ecolalia.[4] No mais, ele continuava sem reagir ao que dizíamos e nada de formular frases — soltava, no máximo, um "olha, avião" ou "tchau, trem"! O resto eram murmúrios incompreensíveis.

Aos quatro anos e quatro meses, tornaram-se mais gritantes do que nunca o degrau e o isolamento em relação às outras crianças. Exceto na natação: frequentador das aulas desde os seis meses, o carinha deslizava na água feito peixe. Destacava-se pelo precoce domínio da respiração — mas também por desconectar-se da aula em toda oportunidade que tinha.

Quando chegamos para a avaliação com a fono da Reorganização, eu tinha uma ideia de como seria. Uma

---

[4] Ecolalia é um dos fenômenos linguísticos do autismo. Caracteriza-se pela repetição de palavras e frases ouvidas de outra pessoa (ou de um filme, desenho, anúncio...). Pode acontecer imediatamente depois de a afirmativa modelo ser ouvida ou após um tempo maior.

prima-irmã, então já falecida, trabalhara com o método por quase quinze anos. Como éramos muito próximas, ela me falava bastante dos exercícios, dos resultados — e da polêmica.

Criada pela fonoaudióloga baiana Beatriz Padovan, a Reorganização envolve exercícios corporais baseados nos movimentos neuroevolutivos do ser humano, atividades específicas para as funções reflexovegetativas orais (respiração, deglutição, sucção e mastigação) e exercícios para os olhos. Tudo acompanhado por uma base rítmica de poemas e canções. Na prática, isso significa, bem a grosso modo: rolar, rastejar, engatinhar, dar cambalhotas, subir em um trepa-trepa, soprar língua de sogra, sugar chupeta, acompanhar com o olhar a luz de uma lanterna em uma sala escura.

Lembro que, em um dos exercícios, a fonoaudióloga colocou António em uma rede. Enquanto o balançava lá dentro, cantarolou um verso. Paulo, que assistia a tudo sentado do meu lado, sussurrou:

"Epa: baita grana por sessão para girar e ninar o miúdo?! Deixa que eu faço de graça!".

Encerrada a avaliação, a fono explicou o princípio de cada exercício e como cada um deles revelava a imaturidade geral de António. Assim como a colega de linha tradicional, deixou claro que só poderia haver diagnóstico após o exame de Processamento Auditivo. Por fim — e foi quando os olhos do Paulo brilharam —, propôs um prazo.

"Com duas sessões por semana, acredito já podermos notar alguma diferença ao fim de três meses."

Começamos naquela semana mesmo. António se divertia com os exercícios, levava como brincadeira. Por determinação do método, eu ficava na sessão o tempo todo, observando e entendendo os movimentos para, quando pertinente, aplicá-los no dia a dia.

De início, não houve alteração. Até que, de repente, no meio do segundo mês, António "acordou". Era perceptível um novo grau de consciência em relação a si mesmo e ao mundo. Dava para notar, no cotidiano, uma antes inexistente vontade de se comunicar. Via-se na fala, no rosto e até na expressão corporal dele um permanente esforço para entender e ser entendido. Ao final do terceiro mês, surgiram frases como "quer passear parque, mamãe".

Era um "estirão de amadurecimento" — o primeiro de quatro que António viria a ter. Alívio, alegria e gratidão recarregaram minhas certezas (e as esperanças do Paulo) na capacidade de reação do nosso filho.

...

— Mas quem garante que esse estirão de amadurecimento não teria acontecido se vocês tivessem mantido o Tom na fonoaudiologia tradicional?

Várias vezes me perguntaram isso. E minha resposta é sempre a mesma: ninguém! Pois, sem dúvida alguma, a evolução aflorada naquele terceiro mês de Reorganização também foi resultado do competentíssimo trabalho da primeira fono. Então, devolvo a pergunta: quem pode garantir que a entrada em cena da Reorganização não tenha sido um fundamental e poderoso catalisador?

Discussão complexa e sem conclusão. De um lado, profissionais sérios e competentes que questionam a validade dessa linha de trabalho, visto que "não há a menor comprovação científica". Do outro lado, profissionais igualmente sérios e competentes que aplicam o método com sucesso. Eu não tenho conhecimento técnico para participar de tal debate. Mas me sinto à vontade para falar da experiência prática da nossa família com a Reorganização.

Foram cinco anos dentro do método — os dois primeiros em caráter exclusivo, sem nenhuma outra terapia paralela. As sessões tinham impacto imediato no António. Era comum os avanços (de fala, de percepção de si mesmo e do mundo) acontecerem no meio dos exercícios, na minha presença. Nas férias, quando diminuíamos a frequência dos trabalhos, percebíamos uma estagnada na evolução.

Se indico a Reorganização? Muito! Tanto quanto indico a fonoaudiologia tradicional e outras terapias que fizemos, sobre as quais falarei logo mais. Repito o que escrevi no primeiro capítulo: é fundamental conhecer métodos diversos e tirar as próprias conclusões. Não sei se a Reorganização funciona para todo mundo. Mas para o António foi maravilhosa.

...

— Por favor, deixa, vai!

Com a voz tremida de vontade de chorar, António implorava que os colegas abrissem espaço na roda para que ele também pudesse ver o jogo que um menino mostrava no iPad. Estávamos na quadra da academia, esperando começar a aula de futebol. Eram 9h30 de uma terça-feira.

Sentada em um banco lateral, senti meu sangue virar angústia líquida quando percebi que a rodinha de seis garotos (todos entre cinco e sete anos) estava propositalmente se fechando e virando as costas para o meu filho.

"Não deixa, não! Ele é bobo e chato", disse um.

"Ele não entende nada do que a gente fala, chuta para o lado errado, só atrapalha", emendou outro.

Meu filho insistia, tentando enxugar com as mãos as lágrimas que já não controlava. Em um esforço sobre-humano para não chutar aqueles moleques, agarrar Tom no colo e sumir dali, peguei o celular e fingi conferir um SMS. "Não se intrometa. Ele precisa aprender a se virar sozinho", repetia mentalmente, enquanto respirava fundo para controlar a ânsia de vômito.

Aquela cena durou a eternidade de dois minutos. António insistia e, a cada recusa, olhava em minha direção. Eu sentia seu olhar em mim, mas não desgrudava o meu do celular. Se o fizesse, descambaria em um pranto louco. O apito do início do treino interrompeu o tormento. Mas ele estava longe de ter fim. Na verdade, estava apenas começando. Pois António agora falava e se dava conta do mundo; mas ainda não sabia direito como participar dele — e sofria por isso. O que antes só doía em mim e no Paulo, agora, machucava nosso filho.

A aula acabou e fomos para o carro. Enquanto afivelava o cinto em António, puxei o assunto, como quem não quer nada:

"Ei, o que houve no futebol que você parecia triste?".

Meu filho me encarou como se tivesse quinze anos e respondeu:

"Quando sou como eles, eles são legais. Mas quando eu sou como eu sou, eles são maus. Só que eu não sou como eles, mãe. Não mesmo!".

Sentei e falei sobre a importância de ser ele mesmo. Sobre essa ser a única forma de saber quem lhe queria bem de verdade. Sobre todos nós encontrarmos pela vida gente que nos ama e gente que não nos curte. Não fazia a mínima ideia do quanto ele estava assimilando daquilo, mas, mesmo assim, continuei falando. Viemos para casa. Eu o deixei com Helena, entrei no carro e saí. Peguei a Marginal Pinheiros e, durante duas horas, solucei alto a minha segunda grande crise de choro por António.

...

— Mentira que ele está maquiado e vai participar da peça!

Minhas unhas estavam cravadas no antebraço do Paulo e, mesmo assim, ele parecia ignorar meu comentário. Compreensível: era hipnotizante a imagem de António, todo sorridente, adentrando o pequeno pátio onde encenaria com os colegas uma história comemorativa pelo encerramento do ano letivo.

Minha memória repassou flashes das festas anteriores. A criançada cantando e dançando e meu filho sentado de frente para alguma parede, olhos fixos em algum trem ou bicho de zoológico em miniatura. Você não tem ideia do que foi a fase da obsessão por animais; eu ia tantas vezes ao zoo que elefantes, girafas e macacos já me chamavam pelo nome e faziam encomendas: "Traz amendoim na próxima!".

Pouco me concentrei na estreia dramatúrgica do Tom. Meus olhos saltavam do António para o Paulo, do Paulo para o António. Quando o espetáculo acabou e ele se curvou para agradecer, meu corpo formigou de alegria. Paulo e eu o apertávamos em um abraço sem fim quando reparei no quanto a intensidade da nossa alegria contrastava com a das outras famílias.

"O que, um dia, foi menos para sempre será mais", falei para meu marido.

Não importa quantos anos se passem e quanto Tom evolua: toda e qualquer conquista dele tem e sempre terá um valor triplicado — e bora guardar dinheiro desde já para pagar a terapia que Miguel precisará fazer no dia em que ler isso...

Acontecidos em um espaço de tempo relativamente curto, os episódios da aula de futebol e da peça de fim de ano ilustram bem a montanha russa de emoções daquela fase. Para conciliar os extremos, eu cuidava para que toda situação triste me inspirasse algum aprendizado, alguma atitude.

A do futebol, por exemplo, me fez perceber que era cedo demais para envolver António em um esportes coletivos. Ele não entendia o conceito, frustrava a si mesmo, ao grupo e acabava exposto de forma negativa. Penduramos as chuteiras por uns tempos e começamos as aulas de circo. Anos depois, eu descobriria que era, mais uma vez, a minha intuição marcando um golaço.

5

— O duro do António é que agora ele alterna momentos de consciência extrema com alguns de absoluta introspecção e outros de pura fantasia.

Comentei isso com minha amiga Jana durante um papo sobre, às vezes, eu ficar meio perdida diante das questões do Tom. Ela, que não tem filhos, retrucou em tom de obviedade:

"Uai, eu pensei que toda criança fosse assim!". Imagine um 'vráááá' bem dado! Ela tinha razão: eu me focava tanto nos comportamentos diferenciados do meu filho que, muitas vezes, acabava reduzindo-o a eles.

Meio que esquecia que havia ali uma personalidade, com defeitos e qualidades, forças e fraquezas, que independiam do atraso de linguagem e de todo o resto. "E agora mais essa! Como é que distingo uma coisa da outra?", perguntei. "E eu lá sei? Por essas e outras que uso DIU", riu, dando de ombros. Não havia muito o que fazer, a não ser estar atenta para observar e escutar António com olhos e ouvidos o menos condicionados possível. Valeu a pena, pois o carinha começou a falar cada uma...

...

— Estão procurando vida em Marte, né, mãe?

A pergunta veio do nada, enquanto nos preparávamos para dormir, e me causou confusão. A comunicação de António vinha aumentando cada vez mais, mas esse tipo de atualidades definitivamente não fazia parte do repertório de interesses.

"Onde você viu isso?"

"Na escola."

"Pois é, Tom, estão, sim, procurando vida em Marte."

"Tão procurando errado, mãe."

"Como assim?"

"Tão procurando fora, e lá os prédios ficam dentro."

"Como você sabe disso?"

"Porque eu já vivi lá. É diferente. A gente anda sem pés e fala sem boca."

"Boa noite, filho", disse eu. Saí do quarto, entrei na internet e digitei no Google: "Exorcista 24 horas São Paulo".

...

— Ah, lembrei! Minha outra mãe já me ensinou isso.

Estávamos indo para não lembro onde. Eu dirigindo. Miguel, então com dois anos, e António, seis anos, em seus respectivos cadeirões no banco de trás. António andava em uma fase obsessiva por terremotos e tsunamis. Em suas xeretadas no YouTube, ouvira a expressão maremoto e acabara de me perguntar o que significava. Quando comecei a responder, ele me falou da tal outra mãe.

"Que outra mãe, menino?"

"Eu tive outra mãe. Ela chamava Caroline" (pronunciou "Querolaine"). "Era loira, muito mais bonita do que você."

"Quando foi isso?"

"Quando eu nasci em Nova York."

"Você nasceu em Nova York?!"

"Eu e onze irmãos. Mas a gente morreu tudo num incêndio."

"Você morreu?"

"Um monte de 'veiz'."

"Como é morrer?"

"Bom e ruim. Depende."

"E o que acontece quando a gente morre?"

"A gente vai para o buraco negro. Depois uns astronautas vêm e vestem a gente de pele de novo."

Assim que cheguei em casa, acessei a internet e digitei: "Melhor exorcista Brasil urgente".

...

"Ah, não! Lá vem o papinho do 'meu filho é diferente porque é iluminado!'"

Se você está pensado isso, por favor, "despense". Sou cética demais para interpretar a capacidade imaginativa do meu filho como evidência de uma espiritualidade superior ou algo que o valha. Tanto que, se hoje você perguntar a António sobre Caroline, ele dirá: "Quem?!".

Para mim, essas duas histórias são marco de algo bem mais factível: a plasticidade do nosso cérebro. A imprevisível e estarrecedora capacidade das nossas conexões neurais de criar meios para que um menino que não compreendia as palavras passe a usá-las, para externar todo um universo que até pouco tempo antes era obrigado a silenciar em sua imaginação.

Mágica? Milagre? A meu ver, mera reação ao estímulo certo, que — atenção! — varia de pessoa para pessoa. Pois o jeito de ser de cada um é uma variável muito, mas muito influente no tocante ao aproveitamento das vivências, terapias, tratamentos e por aí vai.

António, por exemplo, possui dois traços de personalidade que lhe conferem superpoderes na hora de enfrentar as próprias limitações: serenidade e obstinação.

Sempre soubemos que tais características o favoreciam em várias demandas. Mas só fomos mensurar em números a força desses elementos combinados quando Tom fez sete anos e meio e precisou encarar o Processamento Auditivo Central (PAC).[5]

...

— Pai, mãe, tô indo lá fora bater palmas, tá?

Era a segunda vez que António saía da mesa do café da manhã para saltitar e bater palmas. Estávamos de férias na praia e, de cara, a convivência 24 horas com os meninos havia revelado uma preocupante compulsão do nosso primogênito por bater palmas.

"Repara só: ele não consegue passar mais de vinte minutos sem fazer isso", comentou Paulo. Balancei a cabeça em concordância. Desde que chegáramos no hotel, eu tinha a sensação de que podia olhar para o meu filho a qualquer momento do dia que sempre o encontraria pulando e batendo palmas, enquanto repetia para si mesmo murmúrios incompreensíveis. Como

---

[5] Processo Auditivo Central (PAC): exame que avalia como o cérebro processa (analisa e interpreta) as informações ouvidas. É aplicado por uma fonoaudióloga, dentro de uma cabina acústica, onde são testadas habilidades como discriminar sons, reconhecê-los e memorizá-los em sequência. Costuma ser realizado aos sete anos, quando a criança tem melhores condições de compreender e responder às perguntas feitas.

se fosse pouco, às vezes, se plantava na frente de uma parede, corpo quase colado a ela, e desandava a bater palmas com tanta sofreguidão que ficava até ofegante.

Eu tentava organizar mentalmente essas percepções quando Tom voltou para a mesa. Sentou, terminou de comer o pão, conversou sobre o dia que teríamos pela frente e, já se levantando, anunciou:

"Vou lá fora!".

"Tonico, tá demais, né? Menos, vai! Senta aí que já, já vamos para a piscina", disse Paulo.

Após uns segundos de surpresa e de hesitação, Tom voltou a se ajeitar na cadeira. Encarou o pai durante um breve silêncio, respirou fundo e disparou:

"Eu vou explicar só uma vez: não bato palmas porque quero. Eu bato palmas porque preciso, porque o meu cérebro pede. Elas me ajudam a imaginar melhor. Não consigo controlar. Então, nunca mais me peça isso. Combinado?".

Não sei o que nos chocou mais: se o tom de voz professoral, se a consciência de si mesmo, se a segurança. Paulo respondeu com a voz baixa de quem procura o fôlego após levar uma voadora no peitoral:

"Combinado, Tonico. Nunca mais peço isso".

António se afastou da mesa com Miguel saltitante no encalço dele. "Vou lá bater palmas com você, Tunicu!". Paulo e eu ficamos na mesa. O silêncio imperou por um tempão. Só o quebrei para fazer o único comentário cabível ao momento:

"Eita!".

6

— Pelo que fala, o António tem, sim, traços do Espectro Autista. Pular e bater palmas, por exemplo, é uma estereotipia típica do quadro. Mas não posso ter certeza a distância, sem acompanhá-lo. Procura um neuropediatra!

Minutos após o Sermão das Palmas, lá estava eu, ligando para uma prima formada em Terapia Ocupacional (tenho um estoque gigante de primos e primas de primeiro grau — quarenta e dois, ao todo).

Tão logo voltamos para São Paulo, marquei avaliação com uma neuro especializada em Transtorno do Espectro Autista. Foquei menos na fama (queria mandar um beijo para o Dr. Diploma Rasgado) e mais na visão holística que a médica transparecia em alguns textos e entrevistas. Após conversas conosco e com o Tom, primeiro juntos e depois separadamente, ela nos chamou de volta.

"O António quase me enganou. Ele manifesta uma empatia para com o outro que não é comum aos que possuem a Síndrome de Asperger", disse, sorrindo.

Ela se referia à característica do Tom que mais me deixava em dúvida sobre ele estar ou não no espectro autista: a capacidade dele de sacar as pessoas e ser sensível ao momento delas.

Testemunhei inúmeras cenas que exemplificam isso. Em uma delas, a fono da Reorganização, que há anos luta contra um seríssimo problema de coluna, nos recebeu em um dia de intensa dor. Mal ela abriu a porta, António falou:

"Quanta tristeza!"

Como tentativa automática de disfarçar, ela sorriu e simulou surpresa:

"Quem, eu?! Imagina...".

"Não tô falando dessa cara que ri. Tô falando da cara por trás da sua cara."

Em um outro episódio, cumprimentei uma mulher na academia. Eu papeara algumas vezes com ela (nunca na presença dele) e ficara impressionada com sua instabilidade de humor. Em um minuto era doce e no outro, agressiva. Assim que ela nos disse "oi" e seguiu em direção à sala de musculação, António falou para si mesmo:

"Essa pessoa tem olhos tão confusos! Ela não olha com olhos de coração". (Depois descobri que, ao falar assim, ele se referia ao recurso de desenho animado e quadrinhos, que colocam corações no olhar das pessoas para dar a ideia de amor.)

A neuro continuou sua explicação:

"O danado tem nuances de personalidade interessantes, que me deixaram em dúvida. Ele me lembra muito um outro paciente, que diagnostiquei na mesma idade e em quem, hoje, graças a terapias e a uma clara orientação dos pais sobre regras sociais, ninguém percebe nada de incomum. As pessoas só sabem do diagnóstico dele de Síndrome de Asperger (um dos tipos de

TEA) se ele contar. A orientação social, aliás, será o desafio de vocês e...".

"Peraí, peraí! Você está dizendo que António é Asperger?!", interrompeu Paulo, a voz trêmula.

"Sim, ele está dentro do espectro", balbuciou a neuro, desconcertada diante do choque do meu marido.

Minha memória registrou em câmera lenta a cena que se seguiu. Paulo se levantou em um salto. A cadeira tombou e ele, aos prantos, andou de costas até a parede. Grudado nela, tapou a boca com as mãos, tentando abafar o choro alto que lhe subia pela garganta. Com expressão distorcida de pânico, arfou:

"Não tô conseguindo respirar. Me ajuda! Eu não tô respirando!".

Fui até ele, apertei suas mãos e falei:

"Você está respirando. Pensa que não, mas está. Isso é uma crise de pânico e está passando. Respira comigo!".

"Preciso sair daqui. Me ajuda a sair daqui!"

"Vou distrair o Tom na sala de espera enquanto você desce e me espera na frente do prédio. Depois, Tom fica aqui com a doutora e eu vou te ver", falei, já saindo da sala.

...

— Tô destruído. Eu não esperava!

Com os olhos vermelhos de chorar, Paulo se repetia sem parar quando o reencontrei na calçada. "Esse diagnóstico não piora nossa vida. Pelo contrário: ele clareia o roteiro de tudo o que podemos fazer pelo Tom!", tentei. Não surtia efeito. Meu marido só balançava negativamente a cabeça.

Eu não conseguia entender. Vínhamos, há anos, caminhando para aquele diagnóstico. Como Paulo podia estar surpreso? Mais tarde, saquei: as constantes melhoras de António haviam criado no pai uma crescente esperança de que não fosse nada dentro do TEA.

O maluco é que meu momento era oposto. Eu me sentia revigorada, ansiosa por receber esclarecimentos e, quem sabe, descobrir opções de tratamentos que só a confirmação do diagnóstico podia proporcionar.

Também havia uma sensação de profunda gratidão: se António tinha de vivenciar o espectro, que bom que não era nas suas manifestações mais severas e limitantes.

Mesmo abatido, Paulo quis voltar à sala da neuro. Ela nos explicou no que embasara o diagnóstico e pediu uma série de exames. Eletroencefalograma, ressonância magnética, avaliação genética... "Mero protocolo, pois, pelo que sabemos até então, o espectro não se dá a partir de lesão cerebral, alteração cromossômica ou qualquer condição detectável por exames laboratoriais; o diagnóstico é clínico", esclareceu.

Paulo ouviu calado, mordendo as bochechas por dentro para controlar as lágrimas. Fez uma única pergunta, na hora de se despedir da médica:

"Meu filho vai ter capacidade de ser feliz?".

"Ele já tem, Paulo. Ele já é!", respondeu a especialista.

...

— Se, dois anos atrás, eu dissesse que o Tom se alfabetizaria aos sete anos de idade, você teria acreditado?

Os dias seguintes ao diagnóstico exigiram um intenso trabalho de levantamento de astral do Paulo. Eu martelava os ouvidos dele com as incríveis conquistas que Tom seguia protagonizando. "O fato de termos confirmado o TEA não diminui em nada as capacidades dele. Na verdade, só nos ajuda a saber melhor como conduzir a situação", repetia eu, sempre que podia.

Sobravam fatos para comprovar meus argumentos. No ano anterior (2016), António havia trocado de escola — a primeira só ia até o pré-primário. Novamente, escolhemos um colégio construtivista. Apesar de não serem voltados para pessoas com deficiência, aceitaram o Tom sem hesitar. Cuidaram apenas de colocar uma assistente em sala para atender eventuais demandas extras que ele gerasse e passar bem.

Apesar da absoluta receptividade do corpo docente, preocupava-me muito a reação dos colegas de classe. Não fazia a mínima ideia de como onze crianças que estudavam juntas desde os três anos reagiriam a um novo colega que era na dele, falava esquisito, não compreendia direito o que lhe diziam e passava a maior parte do tempo batendo palmas.

A garotada estranhou. Mais do que legítimo. Só que António, quem diria, sofreu zero, pois, durante a maior parte do tempo, continuava desinteressado pelos outros. Assim, na primeira série, o isolamento deixou de ser inimigo e virou aliado. O que era menos, novamente, mostrou ser mais.

A velocidade de assimilação de conteúdos do Tom ficava abaixo da média da turma. Mesmo com a professora auxiliar reforçando explicações e orientações, muita coisa meu filho sequer captava. Mas o que importava naquela altura ele tirou de letra: ao fim do ano letivo, estava tão alfabetizado quanto qualquer um dos colegas.

Todos os dias, eu relembrava o Paulo desses e de outros feitos cotidianos impressionantes. Meu marido ouvia, assentia, mas seguia angustiado. O céu só começou a clarear quando ele decidiu pedir demissão e tirar um ano sabático para se reinventar profissionalmente e acompanhar de perto os meninos. Era março de 2017, o ano mais transformador das nossas vidas.

7

— A terapia ocupacional visa ajudar o António a desenvolver, de forma sistematizada, a própria capacidade de desempenhar, com autonomia e independência, as tarefas e as ocupações cotidianas que terá ao longo da vida.

À medida que a terapeuta ocupacional indicada pela minha prima detalhava o trabalho a ser feito com

António, eu respirava mais e mais aliviada. Primeiro, por confirmar a sina — só pode ser sina — do meu filho de encontrar terapeutas e professores incrivelmente acima da média, tanto no caráter profissional quanto humano. Segundo, por perceber que as então preocupantes questões motoras do Tom não eram fruto de preguiça ou má vontade e podiam ser melhoradas.

Até ali, eu sequer imaginava que os sentidos humanos vão além da visão, olfato, audição, paladar e tato. Temos ainda o sentido vestibular, responsável pelo equilíbrio, e o proprioceptivo, que responde pela consciência dos movimentos produzidos pelos nossos membros. Em 95% dos autistas, o processamento das informações sensoriais vestibulares e proprioceptivas acontece de forma desordenada, insatisfatória, gerando respostas inadequadas e atraso no desenvolvimento de diferentes habilidades. É como me disseram uma vez: "O autista demora a vestir bem o próprio corpo".

Estava explicada a incapacidade do meu filho de abrir garrafas e embalagens, amarrar o tênis, escovar os dentes, limpar-se no banheiro, lavar e enxugar o corpo e o cabelo... A lista não tinha fim e, até aquela reunião com a terapeuta ocupacional, eu pensava que fosse resultado de uma certa incompetência didática minha e do Paulo. Não que eu estivesse de todo enganada: no cansaço e na correria do dia a dia, em vez de esmiuçar os movimentos para o Tom e de ajudá-lo a praticá--los, nós preferíamos fazer as coisas por ele. Era mais cômodo. Ao fim do primeiro mês, com duas sessões semanais, já se notava a diferença. Era o início do segundo estirão de amadurecimento do Tom e de um intenso trabalho de reeducação minha e do Paulo. Deixamos as pressas e as preguiças de lado para dedicar tempo e energia a qualquer atividade caseira que ajudasse o cérebro do nosso filho a ampliar seu repertório de soluções motoras.

Paulo foi muito mais efetivo do que eu. Além de paciência e habilidade superiores às minhas, meu marido vivia em cima do lance — e olha que estava cuidando das obras do bar que decidira abrir. Acompanhava Tom na escola, na fonoaudiologia, na terapia ocupacional, na academia. Já eu atravessava um momento profissional enlouquecedor, em um novo emprego que me mantinha longe de casa. Mal sabia euzinha que o gatilho do terceiro estirão de amadurecimento estava a caminho e me impactaria mais do que ao meu filho.

...

— O Processamento Auditivo vai fazer uma importante diferença para o António.

Paulo levou o Tom para o exame tão logo a fonoaudióloga e a terapeuta ocupacional solicitaram. Alucinada de trabalho, não pude acompanhá-lo nem no dia do resultado. Na saída do consultório, ele me ligou. Pela voz tranquila e bem-humorada, pressenti boas novas:

"Seguinte: no ouvido esquerdo, ele só processa 7% do que ouve".

Eu não sabia o que era mais bizarro: o resultado do exame ou a tranquilidade de Paulo. Ou meu marido não havia entendido a gravidade do caso ou estava sob efeito de calmantes. Passei o dia intrigada. Só fui entender o enredo do samba à noite, quando ele detalhou:

"Na média, todo mundo só processa 75% do que ouve no lado direito e 65% no esquerdo. No lado direito, o Tom nem está ruim: tem 67,5%. No esquerdo, tá russo: 7,5%! Para melhorar, serão necessárias de vinte a vinte e quatro sessões de exercício de processamento".

"E normaliza?!", perguntei.

"Ah, pelo menos melhora. Bom, primeiro temos de fazer e depois vemos... E você, como foi no trabalho?"

Ah, tuga poderoso! O filho da mãe — e isso é um elogio, visto que adoro minha sogra — havia virado a chave! Em vez da ansiedade pessimista, eu via ali a serenidade do "um dia de cada vez", uma confiança na nossa capacidade de encarar o que estava por vir, fosse lá o que fosse.

"Você marcou a primeira sessão para quando? Vou dar um jeito de levar o Tom. Quero entender melhor esse processamento", falei.

Na data marcada, lá fomos António, como sempre, tranquilo e bem-humorado e eu. A fonoaudióloga explicou: ele entraria na cabine, colocaria fones e teria de acertar o que lhe seria dito no ouvido esquerdo e no direito. "Às vezes, será difícil, porque vamos dizer coisas nos dois lados ao mesmo tempo. Mas tudo bem, viu?", ressaltou. António assentiu, e começamos.

Tudo foi bem até ele perceber que não acertava nada do que diziam no lado esquerdo. Desandou a chorar. Falando alto por causa dos fones, chamou por mim:

"Mãe, não funciona! Este lado não funciona! — apontava o ouvido esquerdo. — Para, moça, por favor, para! Mãe, manda parar. Deixa barulho só no outro lado!".

Sentei com ele e expliquei que estávamos ali para acordar seu ouvido esquerdo:

"Eu sou quebrado, mãe. Eu sou quebrado e nunca vou acertar", dizia, as lágrimas grossas pingando na blusa.

Entendi o que havia acontecido: ao ouvir que iria acertar ou errar, ele pensou que era uma condição definitiva do tipo errou, não tem jeito. O menino só acalmou quando juramos que era reversível. Queria ter filmado a cena: ele enxugou o rosto com a camiseta, pôs o fone e retomou a sessão. As mãos fechadas de esforço, os olhos cerrados de concentração. A cada novo erro — e ele errou quase tudo do lado esquerdo — o queixo tremia.

A fono veio me explicar os exercícios que podiam ser feitos em casa, em um site voltado a estimular o processamento auditivo. António falou:

"Moça, pode colocar quantos exercícios você quiser, que eu faço".

Tanto em casa quanto nas vinte e três sessões em cabine, ele se esforçava tanto que o suor grudava o cabelo na testa. Às vezes, os olhos lacrimejavam de frustração. Bendita obstinação: ao final da 24ª sessão, o ouvido esquerdo passara a processar 63% do que ouvia!

...

— Vou pedir demissão.

Foram dois meses ponderando os prós e os contras, até ter coragem de dividir minha decisão com Paulo.

Ele se mostrou preocupado: "Nós dois em ano sabático é complicado... como ficam as contas?", mas me apoiou.

Era indiscutível: pela primeira vez na vida, um emprego estava prejudicando minhas capacidades pessoais.

Eu vivia cansada, irritada, angustiada. Sempre havia um e-mail sem cabimento para ler, uma demanda estapafúrdia para resolver. Sábado, domingo, de manhã, de noite... Paulo, António e Miguel passaram a penar com minhas respostas impacientes e mal-humoradas. Justo em um momento familiar tão legal, em que o Processamento Auditivo nos tornava António mais acessível.

"E você está pedindo demissão para trabalhar onde?", perguntou a moça do RH quando assinei a papelada.

"Com a minha família", respondi.

Economias de vinte e cinco anos de batente me proporcionaram o maior dos luxos: poder dedicar todo meu tempo a cuidar dos meninos e da casa e, de quebra, dar uma força para Paulo no projeto do bar. Escola, academia, terapias... Mergulhei de cabeça e, muito rapidamente, percebi a que a neuropediatra havia se referido quando nos disse que teríamos um papel fundamental nos treinos sociais do António.

...

— Seus peitos são enormes, hein?

Estávamos em uma festa de família. António fez o comentário em alto e bom som, ao ser abraçado por uma prima. Conhecendo a peça, ela riu e levou na boa. Assim que pude, o puxei de canto:

"Cara, você não pode falar aquilo."

"Por quê?"

"Porque você não sabe se ela gosta de ter peitos enormes."

"Mas eu nem disse que são feios, só disse uma verdade. Afinal, quando posso dizer verdades?", António impacientou-se.

Tela azul. António 1 × 0 Lana.

Depois do Processamento Auditivo, cada vez mais, António se interessava em interagir com o mundo. Na maioria das vezes, porém, metia os pés pelas mãos. Primeiro, por ter pouca prática. Segundo, por ser incapaz de ler os sinais faciais e gestuais que as pessoas nos dão quando falam conosco. Resultado: ele não percebia se o tema interessava, se o papo agradava. A moça do seios generosos, por exemplo, podia ter feito a cara mais chocada do mundo que, naquela época, meu filho não notaria.

Hoje, ele notaria. Mas não se engane: em vez de disfarçar, emendaria a todo volume um "já sei, você ficou chateada por eu dizer que seus peitos são grandes, né?" e sorriria, mais satisfeito consigo mesmo por ter conseguido decifrar a expressão dela do que preocupado por tê-la chateado.

No primeiro dia de aula de 2018, em plena escadaria da escola, lançou um dos seus elogios tortos para a diretora: "Parabéns. Você parece um pouco menos velha do que antes!". Dia desses, no meio do jantar, olhou para mim e para Paulo e suspirou: "Eu queria tanto ter pais bonitos!". Voltou a se concentrar no prato e continuou comendo com total naturalidade.

Os adultos costumam lidar bem com isso. Por mais que estranhem, relevam e afrouxam eles mesmos as saias-justas. Para as crianças não é tão simples; afinal, elas também estão desenvolvendo a arte da empatia. Além do que, convenhamos: é no mínimo chato estar com um menino que só fala de uma coisa — interesses obsessivos, lembra? — e que, no meio da interação, sem aviso prévio, sai e vai bater palmas por sabe-se lá quanto tempo.

Acontece que, na segunda série, por conta do Processamento Auditivo, o isolamento passou a incomodar António. Ele queria fazer parte da turma, mas não conseguia engatar amizade. Ninguém o maltratava. Só não rolava uma liga. Eu ia buscá-lo na escola e lá estava a turma toda brincando em um canto da quadra e ele lá do outro lado, olhando de longe e batendo palma.

Assim que entrei no ano sabático, retomei com força total o cargo de Orientadora de Convívio Social e de Relações Públicas da nossa família. Paulo agradeceu, pois sociabilidade nunca constou de suas habilidades. Nesse quesito, é quase tão Asperger quanto o filho. Mas longe de mim me queixar: de cara, ele embarcou na minha estratégia de criar situações que permitissem ao Tom conviver com os colegas fora da escola e perto das nossas vistas.

Passeios no parque de cama elástica, dias de jogos e brincadeiras em nossa casa, idas ao cinema... Aos poucos, fui entendendo onde António dificultava as coisas e passei a sugerir caminhos que poderiam ajudá-lo. Para tanto, contei com um parceiro de ouro: Miguel.

...

— Você perde por bem pouquinho, mãe, mas a pessoa que eu mais amo no mundo é o António!

(Nota da autora: Não fique triste, Paulo... Quem sabe na próxima!)

Eu sei, irmão caçula idolatrar o mais velho é quase clichê de tão comum. O que impressiona no afeto de Miguel por António é a maturidade. Desde os três anos, ele explica o mundo para o irmão (e o irmão para o mundo) com desenvoltura, humildade e humor afiado. Já o vi fingir que não sabia fazer algo só para dar ao António a oportunidade de lhe ensinar e de se sentir importante por isso. A vibração dele quando Tom conquista qualquer coisa deveria ser filmada e exibida.

Óbvio que nem só de bondade e gestos magnânimos se faz o aprendizado entre irmãos. Por isso, Miguel também obrigou — e obriga — António a aprender a desconfiar, a disputar, a negociar, a enfrentar, a ter raiva de quem se ama, a perdoar a quem se ama... Ultimamente, a malícia do baixinho tem, inclusive, servido para o mais velho como curso superior em sutilezas das comunicação. Dia desses, por exemplo, António me pediu para comer chocolate em uma quarta-feira (só deixo aos sábados e domingos). "Claro, pode comer todo o chocolate que quiser... Aproveita e come bolo também!", respondi, cínica. "Muito bonito, sendo irônica com o filho", retrucou, aplaudindo também cinicamente.

Tão logo a turma da escola de António passou a frequentar nossa casa, Miguel virou nosso diplomata e espião de plantão. Era digna de Itamaraty a forma como ele intermediava a comunicação entre o irmão e o grupo. Verdadeira tecla SAP, traduzindo de lá pra cá e de cá pra lá. E as percepções que o toco de gente me trazia?! "Fulano é gentil (ele AMA essa palavra) com o Tomtom. Já o beltrano fala umas maldades. Não convida mais ele, mãe!".

Foi uma fase tensa. O Processamento Auditivo havia ampliado o entendimento que António tinha das pessoas e do mundo. No segundo semestre da segunda série, ele deixou de precisar da professora auxiliar reforçando as orientações. Entretanto, por mais que despertasse nele o desejo de ser incluído, sua natureza ia contra. Era (e continua sendo) evidente o cabo de guerra entre o desejo de mudar e o comodismo. Tudo bem, é assim para todos nós, atípicos ou não. Contudo, eu intuía que António precisava de uns empurrões extras, além dos meus, dos do pai e do irmão. Ele precisava de bolinhas e do Paulinho.

8

— Toda noite, antes de dormir, o António deve tomar seis bolinhas (três de cada vidro). Observe como ele reage e me conte.

A prescrição da neurologista homeopata veio depois de uma consulta de quase duas horas comigo, Paulo e António. Ela tinha revirado a história do baixinho da fecundação até aquele dia. Eu estava curiosa em colocar à prova a efetividade da médica. Em um espaço de quinze dias, por razões distintas, ela nos havia sido indicada pela fonoaudióloga da Reorganização, pela terapeuta ocupacional e pela fono do Processamento Auditivo. Cada uma à sua maneira relatara as maravilhas que as bolinhas da doutora faziam pelo emocional de pacientes com questões neurológicas.

Um mês depois de iniciar o tratamento, percebemos que o trio não estava exagerando. António se mostrava menos resistente em conhecer os interesses dos colegas. Quando vinham em casa, em vez de sumir para bater palmas toda hora, ele procurava se controlar e se esforçava para ficar o máximo possível com o grupo.

Também conseguia encadear melhor os pensamentos e opiniões ao falar. Veio à tona uma intensa consciência do mundo e de si mesmo. Uma noite, Paulo e eu estávamos no sofá quando Tom se colocou na nossa frente e anunciou que iria revelar "a verdade sobre as palmas". Desligamos a TV e, em pé no meio do tapete, ele começou:

"Eu já falei para vocês que bato palmas porque meu cérebro pede. Agora, eu descobri que meu cérebro pede porque ele não é como o dos meus colegas. O deles parece tudo copiado um do outro. Iguaizinhos. O meu, não".

"Mas isso não é necessariamente ruim. Tem um lado posi..."

"Você SABE que eu sou esquisito, mãe!", interrompeu-me ele, a mão espalmada no ar em sinal de pare.

"O que você chama de esquisito, eu chamo de diferente", retruquei.

"Eu vejo diferente, sinto diferente. E tudo bem ser diferente, gente. Mas, às vezes, é difícil", completou, os olhos marejados.

Novamente, você pode me perguntar: "Quem garante que o agente causador dessas mudanças tenha sido a neuro-homeopatia, e não a terapia ocupacional ou a fonoaudiologia ou o Processamento Auditivo?". Mais uma vez, eu te respondo: ninguém! Mas é, no mínimo, curioso que os pontos nos quais notamos diferença tenham sido justamente aqueles que a médica disse que priorizaria.

E continua assim: duas vezes por ano, passamos por consulta e o ajuste das bolinhas não falha — atua sempre naquilo que sentimos ser mais necessário. Daí creditarmos a elas o quarto estirão de amadurecimento do Tom.

...

— Mãe, liga pra mãe do Paulinho e vê se ele quer dormir aqui?

Respondi ao António com falsa tranquilidade: "Claro, filho!". Ele sequer desconfiava da ansiedade que seu pedido havia instalado em mim. Uma coisa era administrar a vinda da turma de colegas por algumas horas; a algazarra acabava tirando o foco das peculiaridades do Tom e diluindo as dificuldades dele de se enturmar. Agora, receber um único amigo para dormir me dava calafrios de insegurança. E se ele não quisesse vir? E se viesse, se entediasse com o meu filho e quisesse ir embora? E se comentasse com os outros coleguinhas sobre ter vindo e detestado?

Após enrolar uma tarde inteira, tomei coragem e mandei um WhatsApp para a mãe de Paulinho. No texto, brinquei sobre meu filho gostar muito do dela e sobre eu precisar saber se o afeto era platônico ou recíproco. Ela, maravilhosa, respondeu que Paulinho não falava muito no António, mas que nada nos impedia de experimentar a convivência.

Combinamos de começar aos poucos. Paulinho veio, então, passar apenas uma tarde. Deixei-os à vontade, mas me mantive por perto, caso notasse a necessidade de mediar algum momento de "isolamento para palmas" do António. Como eu imaginava, ele se afastou várias vezes. Para minha surpresa, não precisei interferir. Paulinho espontaneamente procurava o que fazer enquanto esperava pelo amigo. Quando anoiteceu,

Paulo e eu quase fizemos a Dança da Alegria, porque Paulinho nos chamou e perguntou: "Tudo bem eu dormir aqui?".

...

— Você pra sempre será meu primeiro melhor amigo, Paulinho. Antes, ninguém queria brincar comigo e eu tinha que ficar sozinho, batendo palmas. Agora, você me põe na brincadeira e todo mundo brinca comigo.

A declaração de António ecoou no carro quando voltávamos de uma viagem à praia. Sentado no banco de trás entre Tom e Miguel, Paulinho respondeu:

"Deixa essa lembrança pra lá, António. Já passou!".

O garoto nem imaginava, mas virara um facilitador da relação de António com os colegas da classe. "Até na hora da lição tem horas que Paulinho consegue, melhor do que eu, explicar para o António o que é para fazer", confessou-me, certa vez, a professora.

Para alguns alunos das outras séries, entretanto, Tom continuava causando estranhamento, o que nem sempre era manifestado de forma gentil. Volta e meia, ele me contava sobre um apelido ou uma piadinha cruel. Eu disfarçava, mas queria me dissolver em dor. Ele, porém, falava com naturalidade, em tom de mero rela-

Lana Bitu

to. "Quer que eu te ajude nisso?", eu perguntava. "Não precisa", respondia, sereno.

Até que, um dia, ele cansou e resolveu reagir. Foi tão especial que decidi fazer um post no Facebook (o texto na íntegra está ao lado). Minha ideia era compartilhar a história com nossos amigos, mas ela viralizou. E Tom soube o porquê de seu cérebro ser diferente.

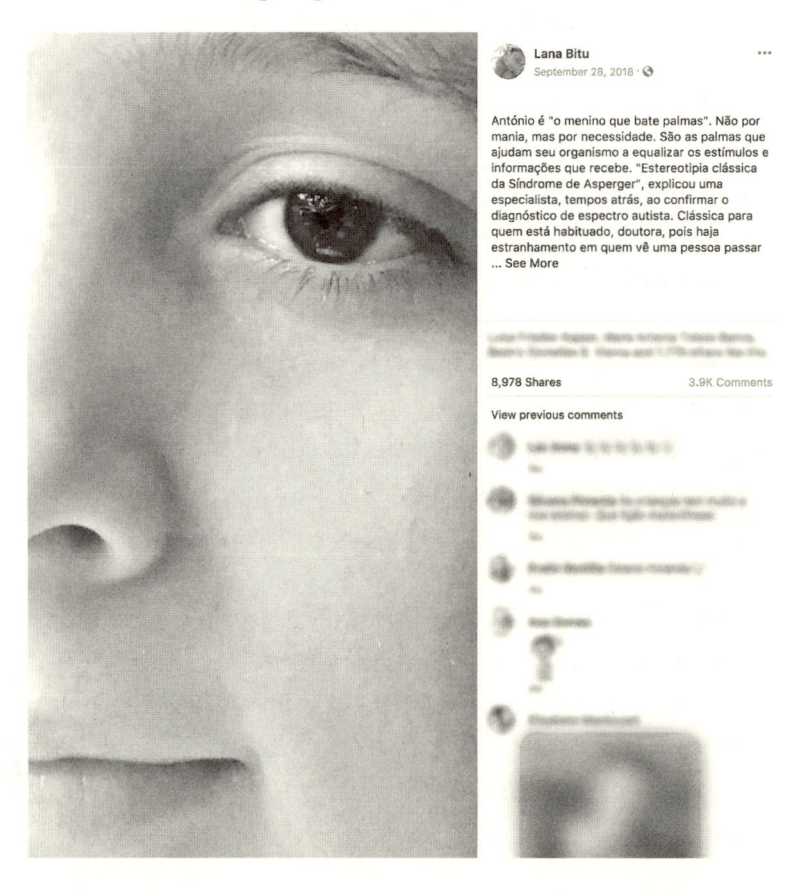

António é o menino que bate palmas. Não por mania, mas por necessidade. São as palmas que ajudam seu organismo a equalizar os estímulos e as informações que recebe. "Estereotipia clássica da Síndrome de Asperger", explicou uma especialista, tempos atrás, ao confirmar o diagnóstico de espectro autista. Clássica para quem está habituado, doutora, pois haja estranhamento em quem vê uma pessoa passar parte do seu dia andando de um lado para o outro, batendo palmas e murmurando para si aquilo que precisa absorver do mundo.

Em casa, António faz piada das palmas. Mas da porta pra fora elas não têm graça. "Algumas crianças da escola riem de mim. Dizem que sou bobo, esquisito, demente", contou-me uma vez. "E o que você responde?", perguntei, minha garganta queimando de vontade de chorar. "Dou o meu silêncio para eles, mãe. Nada pior que o silêncio".

Durante dias, lutei com a gana de ir eu mesma bater palmas na cara de cada um dos pirralhos piadistas. Mas interferir talvez passasse ao António a mensagem de que ele não dá conta de se impor sozinho. Como as provocações não estavam alterando sua alegria de ir para o colégio nem criando qualquer mudança de humor ou comportamento, deixei a vida correr. Ontem, ele voltou da escola eufórico. "Mãe, tenho excelentes novidades". E me proporcionou um dos momentos mais fodásticos que terei a oportunidade de viver.

Era dia de assembleia na escola — ocasião em que os alunos levam a debate questões que de alguma forma os incomodem. António comunicou à diretora: "Não quero mais que riam de mim por causa das palmas. Hoje isso será tema de assembleia".

Foi lá, marcou seu nome na lousa e esperou. Quando chegou sua vez, pôs-se de pé diante de 30 e poucas crianças entre 8 e 11 anos e explicou como a zombaria o magoava e era injusta. "Eu bato palmas para minha imaginação funcionar melhor", disse em certa altura.

A molecada ouviu atenta, calada. António encerrou seu discurso e ficou ali, encarando os colegas. Então, o silêncio foi quebrado por uma palma. Veio outra e mais outra. "Logo a sala toda aplaudia. António sorria. Os professores choravam", contou-me a diretora, emocionada.

Porque deve ter sido mesmo bonito de ver, um menino de incompletos 9 anos transformar, sozinho, palmas da intolerância em palmas de comunhão.

Obs.: eu ainda estava tentando me localizar na amplidão do que António acabara de me contar quando ele, a caminho do banho, parou no meio da escada e tascou-me a bordoada definitiva: "Sabe, mãe... A vida é problema e explicação".

9

— Eu quero saber o sentido da vida. Porque a vida, mamãe, não tem que ser comandada do jeito do Deus que criou a vida. Ela tem que ser comandada do jeito que funciona para um ser humano.

António nasceu Asperger — e filósofo. Tenho vários vídeos dele discorrendo sobre questões profundas da vida. São falas espontâneas, sem hora nem lugar para acontecer. A colocação que abre este capítulo, por exemplo, surgiu do nada, em um domingo à noite. Ele me chamou na varanda de casa — "Vem conversar comigo" — e desandou em uma palestra de quase nove minutos a respeito da infelicidade das pessoas frente ao estilo de vida que levam. No fundo, no fundo, queria protestar pela semana ser dividida em dois dias de descanso e cinco de aula — a abordagem disso, no fim do vídeo, é hilária.

Meu filho é engraçado, teatral. Sua imitação de galinha faz o povo gargalhar! Está, agora, em uma fase de contar piadas. Inventa algumas boas — "Qual o melhor remédio para gases? PUMada!". Outras, porém, não fazem o menor sentido (ao menos para mim). Seu entendimento de mundo ainda está longe de ser estável ou linear — será que o de alguém é?

Ao mesmo tempo em que descobre sozinho como baixar aqui no Brasil um game que só vende nos Estados Unidos e discorre sobre a importância de ter expectativas próprias na vida (?!), ele continua obsessivo nos temas de interesse. Ano passado, foi o Pelé. Agora, é o Rei Leão. Pesquisa sem parar, lê e assiste inúmeras vezes tudo o que encontra a respeito... E faz questão de contar tintim por tintim para quem encontrar pela frente. Na maioria das vezes, me pergunta se pode. Mas tem dias em que já entra de sola: "Você sabia que o Pelé nasceu em 23 de outubro de 1940 e blá-blá-blá...".

Palmas para António

Segue pulando e batendo palmas. Tem crises de ansiedade (choro intenso) com mudanças súbitas de rotina. Leva tudo ao pé da letra — dia desses, na casa de um amigo, o pai anunciou que era hora do banho e ele imediatamente se despiu, no meio da sala. Expressões como "você é uma figura" ou "vai ver se estou na esquina" têm de ser explicadas.

Aprendeu a andar de bicicleta na primeira vez que subiu em uma. Dá mortal na cama elástica e se equilibra lindamente na prancha de surf. Já outros repertórios físicos continuam abaixo da média. Pular do banco de trás para o porta-malas do carro, por exemplo, é um drama. Não sabe onde pôr a perna, como apoiar a mão... Mesmo assim, acaba de receber alta da terapia ocupacional. É hora de ir adaptando o que aprendeu às demandas cotidianas que forem surgindo. Para ajudar nisso, tem aulas de circo (trabalha os sentidos vestibular e proprioceptivo) e música (motricidade fina, ritmo).

...

Em outubro de 2019, fizemos uma revisão no Processamento Auditivo de António (já prevista desde aquele primeiro PAC, aos sete anos). Na média, os progressos alcançados lá atrás foram mantidos. Mas algumas habilidades de processamento regrediram ligeiramente. Nada preocupante. Ainda assim, nós e a fonoaudiólogaga entendemos que vale Tom passar por mais quinze sessões de treinamento.

Virão em boa hora: a proximidade da adolescência tem colocado António em um novo "gap" em relação aos colegas. A molecada começa a criar malícias que ele nem de longe possui – capaz de Madonna corar, tamanha a triste precocidade dessa geração! A turma agora se interessa por alguns temas que ainda não atraem meu filho. Estão se comunicando de forma mais rápida e subjetiva, usando altas sutilezas ao se expressar física e oralmente.

António até percebe o movimento, mas não chega a compreendê-lo de fato. Aqui ou acolá tenta, em vão, acompanhar. Ao sentir o isolamento e a solidão baterem novamente à porta, pediu-me ajuda. "Não sei como consertar as coisas, como fazê-las voltar a ser como antes", desabafou, referindo-se à relação fluída que havia conquistado com alguns amigos.

Expliquei que a vida é assim mesmo, as conquistas e os desafios estão em constante alternância – seja a pessoa Asperger ou não. Também falei que o Processamento Auditivo vai ajuda-lo e sugeri dele começar terapia. Pois: 1) eu não tenho as ferramentas e o distanciamento necessários para este novo momento; 2) por mais que sejamos íntimos, sou a mãe dele e há certas coisas que ele, talvez, se sinta mais à vontade em partilhar com um homem que não o pai. Descobrimos um terapeuta focado em socialização de Aspergers e António vem adorando as conversas que tem com ele. Na devolutiva que Paulo e eu tivemos com o especialista, ele nos encarou e alertou: "Força, pois vem aí uma fase muito complexa". Sorri e parafraseei nosso filho: "Tudo bem, a vida é mesmo problema e explicação".

...

"Sou um pré-adolescente", ele diz. Eu finjo que concordo e vou soltando a rédea. Como na tarde em que estávamos Miguel, António e eu no cinema. O filme já havia começado havia uns trinta minutos quando meu primogênito soltou:

"Eu queria pipoca...".

"E eu queria a paz mundial. Não vai rolar, Tom."

"Mas eu queria tanto!"

"Eu não vou parar de ver o filme no meio pra comprar pipoca, Tom. Se quer tanto, vá você."

"Eu vou!"

Peguei o dinheiro na bolsa e expliquei:

"Você terá de sair da sala, ir até o caixa, pedir uma pipoca salgada média sem manteiga. Ela te pedirá o dinheiro e te dará troco. Guarda o dinheiro no bolso e volta para a sala 7. Lembra: sala 7!".

Tom saiu. Miguel, sem tirar o olho da tela, comentou:

"Você vai mesmo deixar ele ir...".

"Já deixei!"

"Você sabe que ele é complicado..."

Fiquei uns dois minutos remoendo aquele comentário.

"Pô, Miguis, eu estava de boa com a minha decisão. Agora, fiquei insegura. Fica aqui que vou atrás do Tom."

"E vai me deixar aqui sozinho?! Mulher louca!"

Quando comecei a me levantar, António voltou todo sorridente, com a pipoca e o troco. Desde então, me pede mais e mais autonomia.

Dia desses, fui levá-lo pela primeira vez à casa de uma amiga. No caminho, ele anunciou: "Não precisa descer do carro; deixa que vou sozinho".

Opa, ela mora em prédio e nós, em casa. Os edifícios possuem uma série de rotinas que o Tom não domina e até desconhece. Expliquei que teria de tocar o interfone, falar com o porteiro, esperar que abrisse o primeiro portão, esperar que abrisse o segundo portão, achar o elevador, apertar o 7º andar e tocar a campainha do 72. Ele ficou repetindo o roteiro para si mesmo até chegarmos lá. Nem a boca seca de nervosismo o fez aceitar minha insistência em ajudar. Foi lá e deu conta.

Óbvio que muitas vezes ele NÃO dá conta. Qualquer coisa que envolva atravessar ruas, por exemplo, eu veto. Porque ele anda batendo palmas, cabeça baixa, pensamento sei lá em quê. Ele se frustra quando mostro os vacilos, mas tudo bem, pois autoestima saudável se constrói com sucessos e com frustrações; se constrói da consciência das próprias forças e fraquezas — e as terapias obrigaram António a lidar muito com as dele.

Primeiro, de forma solitária. Agora, já nem tanto. Quando o post viralizou, achei pertinente colocá-lo a par. De repente, algum colega podia comentar e seria injusto António estar rendido, sem saber do que se tratava. Aproveitei a ocasião para dar nome àquilo que faz o cérebro dele pedir que seu corpo bata palmas.

"Quer dizer que tem outras pessoas como eu?!", perguntou, eufórico.

Respondi que sim e citei até séries estreladas por personagens do TEA — The Good Doctor, Atypical...

Dias depois, ao ver o anúncio de uma delas em um daqueles relógios de rua, curvou-se com sobriedade e agradeceu:

"Muito obrigado por essa homenagem, Netflix!".

Mais uns dias se passaram e António "esqueceu" do Asperger, não deu qualquer importância. Faz uns meses que, do nada, perguntou: "Qual era mesmo o nome daquilo que o cérebro dele tinha?".

"Ah, você não lembra? Vou te dar uma dica. Começa com A..."

"Amor?"

António 2 × 0 Lana.

10

— O que vocês vão querer de presente de aniversário?

António estava com oito anos e Miguel, quatro anos. Almoçavam na mesa quando o pai chegou. Os aniversários de ambos se aproximavam (são de outubro) e Paulo resolveu ser simpático.

"Eu quero de presente uma boneca de sereia", respondeu Miguel.

"Mas Miguel... Estás crescido. Boneca é coisa de bebê. Que tal um carrinho do Relâmpago McQueen?", sugeriu Paulo, tentando disfarçar com um sorriso amarelo o incômodo pelo filho mais novo ter pedido "brinquedo de menina" (os embates que meu marido e eu já travamos por causa desse preconceito rendem fácil outro livro).

António, até então calado, resolveu se manifestar:

"Pai, cada um tem a sua responsabilidade nesta vida. Mamãe tem a dela, eu tenho a minha. Se o Miguel quer que a dele seja cuidar de uma boneca de sereia, problema dele. A sua responsabilidade de pai é ajudar a gente a ser feliz sendo quem a gente é".

Paulo ficou uns segundos boquiaberto e, quando pegou ar para contra-argumentar, António não deixou ele falar:

"E nem vem dizer que o problema é dinheiro".

Ele quis dizer que a boneca nem era tão cara, mas Paulo entendeu que ele estava falando que havia grana de sobra:

"Epaaaaa! Alto lá, António! Assim, não!", ralhou.

"Ah, é? Então me diz: quanto você colocou naquele barzinho?", perguntou o moleque, referindo-se ao bar que o pai havia inaugurado.

Paulo e eu nos entreolhamos, pasmos.

"É, mãe, fica aí, de boca aberta mesmo. E, pai, então, eu te pergunto: quanto vale ver um filho infeliz?"

Quando Paulo achava que não havia como a esfregada de verdades ser mais constrangedora, Miguel arrematou:

"E tem mais, António. Num é porque eu sou grande que ele num quer me dar a boneca. É porque eu sou menino!".

...

Meu pai faleceu em abril de 2018, após um ano e meio de luta contra as sequelas de vários AVCs e de um câncer no pulmão. Morreu em casa, recebendo de volta o amor que distribuiu com fartura durante os oitenta e um anos em que esteve por aqui. Um processo permeado de muito afeto, serenidade e dor. A reta final do processo terminal exigiu força física e emocional do senhor João Alves — e de quem o cercava.

Uma vez por semana, eu procurava levar os meninos para visitar o avô. Miguel, então com quatro anos, encarava com surpreendente naturalidade a degeneração. Já António sempre saía de lá introspectivo. Não se manifestava nem mesmo quando eu respondia às insistentes perguntas do irmão sobre tudo o que a morte envolve.

Então, em um dia qualquer de fevereiro de 2018, António entrou no quarto, pôs a mão na cabeça do vô e falou baixinho:

"Pode ir. Não tenha medo. A gente vai ficar aqui, lembrando de você, e tudo será como tem que ser".

Beijou a careca do coroa e saiu do quarto. Não estava chorando nem nada. Trazia na expressão uma serenidade tão intrigante quanto invejável. Foi para a garagem da casa e lá ficou, batendo palmas e andando de um lado para o outro até a hora de voltarmos para a nossa casa. Quando entramos no carro, ele pôs o cinto e falou:

"Mãe, não me traga mais para ver o vovô. Já não é preciso".

E assim foi.

...

— No dia em que você e o papai morrerem, vou agradecer baixinho tudo o que fizeram por mim.

Estávamos de bobeira no sofá. António no iPad, eu lendo um livro. Ele falou com ar casual, sem nem levantar os olhos do tablet. Paralisei entre o choro e o riso.

"Mas vou agradecer mais ao papai, porque para ele foi mais difícil. E também porque ele me ajuda muito mais do que você no videogame", completou, atípico como ele só.

Típica como eu só, rosnei:

"Vou me lembrar disso na próxima vez em que você não achar a bermuda da escola na gaveta...".

## Transtornos do Espectro Autista (TEA)
Fonte: Associação dos Amigos do Autista (AMA)

• É um grupo de condições caracterizadas por algum grau de alteração da linguagem, da comunicação e do comportamento social e por um repertório restrito, estereotipado e repetitivo de interesses e atividades.

• Aparecem na infância (na maioria dos casos, nos primeiros 5 anos de vida) e tendem a persistir na adolescência e na idade adulta.

• Causas: evidências científicas indicam a existência de múltiplos fatores (incluindo aí os genéticos e os ambientais) que aumentam a probabilidade de uma criança sofrer um TEA, mas ainda não existem causas determinadas. Também não há evidência de uma relação causal entre TEA e vacinas. Nem mesmo aquelas contra sarampo, caxumba e rubéola — estudos que apontaram isso apresentaram erros metodológicos.

• Uma a cada 160 crianças possui um Transtorno do Espectro Autista. Essa estimativa representa um valor médio, visto que a prevalência observada varia consideravelmente entre os diferentes estudos já feitos — alguns falam em uma a cada 59 crianças.

• Maior incidência em homens: quatro meninos para cada menina.

• Segundo estudos epidemiológicos dos últimos 50 anos, os casos de TEA parecem estar aumentando. Possíveis explicações: maior conscientização, expansão nos critérios de diagnóstico, melhores ferramentas de diagnóstico e melhor comunicação.

• O nível intelectual varia muito de caso para caso. Há pessoas com altas habilidades cognitivas. Embora algumas possam viver de maneira independente, outras apresentam limitações severas, que exigem atenção e apoio constantes ao longo da vida.

• Pessoas afetadas pelos TEAs podem apresentar condições comórbidas, como epilepsia, depressão, ansiedade, hiperatividade e transtornos de déficit de atenção.

## Tipos de TEA:

• Baixa funcionalidade: mal interagem. Em geral, vivem repetindo movimentos e apresentam severo déficit cognitivo, o que exige tratamento por toda a vida.

• Média funcionalidade: são os autistas clássicos. Têm dificuldade de se comunicar, não olham nos olhos dos outros e repetem comportamentos.

• Alta funcionalidade: também chamados de aspies ou Aspergers, têm os mesmos prejuízos, mas em grau leve. Conseguem estudar, trabalhar, formar família.

• Síndrome de Savant: cerca de 10% pertencem a essa categoria, marcada por déficits psicológicos, só que detentores de uma memória extraordinária.

• Tratamento: envolve a intervenção de médicos e fonoaudiológicos (para a oralidade), e terapias ocupacionais (para as dificuldades sensoriais) para atenuarem os efeitos. Altamente recomendado que uma equipe multidisciplinar (psicólogos, fonoaudiólogos, pedagogos, fisioterapeutas, terapeutas ocupacionais e educadores físicos) avalie e desenvolva um programa de intervenção personalizado, pois nenhum atípico é igual a outro. É imprescindível a orientação aos pais e cuidadores. Não há cura.

- Medicações: o uso de medicamentos deve ser prescrito pelo médico especialista da área e indicado quando existe alguma comorbidade neurológica e/ou psiquiátrica e quando os sintomas trazem algum prejuízo, seja social ou ocupacional, à vida cotidiana. Fundamental o médico especificar o que se espera da medicação, qual o prazo para que se perceba os efeitos e os possíveis efeitos colaterais. Atenção: até o momento não existe uma medicação específica para o tratamento do autismo.

## Características clássicas do autismo

- Estabelece pouco ou nenhum contato visual.

- Não olha quando chamado pelo nome.

- Baixa ou nenhuma interação espontânea com crianças e adultos.

- Bebês começam a imitar atitudes e comportamentos entre 6 e 8 meses de vida; deve-se ficar atento quanto à ausência desse comportamento.

- Preferência pela solidão; modos arredios.

- Tem interesse restrito em temas e brinquedos específicos.

- Riso inapropriado.

- Movimentos estereotipados (estereotipias): apresenta movimentos incomuns, como chacoalhar as mãos, balançar-se para frente e para trás, correr de um lado para outro, pular ou girar sem motivos aparentes. Os movimentos podem se intensificar em momentos de felicidade, tristeza ou ansiedade.

- Habilidade motora irregular: pode não conseguir chutar uma bola, mas ser capaz de empilhar blocos.

- Rotação de objetos: obsessão por rodas e artefatos que girem.

- Ausência ou atraso significativo do desenvolvimento de linguagem oral (compreensão e expressão) e alteração em diversas habilidades linguísticas. Crianças acima de 2 anos que não falam palavras ou frases.

- Distúrbio alimentar: seletividade e/ou aversão a cores, sabores ou texturas de alimentos.

- Hiperatividade ou extrema inatividade.

- Comportamentos sensoriais incomuns: hipersensibilidade ou hipossensibilidade auditiva (por vezes colocando as mãos nos ouvidos), visual, tátil, de paladar, de equilíbrio e do próprio corpo (não gosta do toque de outros, irritando-se com abraços e carinho).

- Dificuldade em atenção compartilhada: não demonstra interesse em brincadeiras coletivas e parece não entendê-las. Também não brinca de faz de conta: não cria suas próprias histórias e não participa das brincadeiras dos colegas. Não utiliza brinquedos para simbolizar personagens. Suas brincadeiras costumam ser solitárias e com partes de brinquedos, como a roda de um carrinho ou algum botão.

- Ecolalia (repete falas ou frases em lugar da linguagem normal) e estereotipias.

- Insistência em repetição; resistência à mudança de rotina.

- Ausência de consciência de situações que envolvam perigo; ausência de medo real do perigo. Também há uma aparente insensibilidade à dor.

- Acessos de raiva (demonstra extrema aflição sem razão aparente).

- Ausência de resposta aos métodos normais de ensino.

- Déficit cognitivo.

## Aquela cena depois dos créditos

Deitados na minha cama, António e Miguel conversam:

"Tom, me fala a verdade: por que você bate tantas palmas?".

"Eu já falei mil vezes: porque me ajuda a imaginar melhor o mundo!"

O caçula encarou o irmão mais velho em silêncio por uns instantes e perguntou:

"Você não é comum, né?".

"Não, não sou. Mas ninguém é!"

## Outras histórias de António

Sentadas à mesa do almoço, minha mãe e eu comentávamos, em um tom meio crítico, as arriscadas decisões que uma conhecida vinha tomando na vida. António comia calado, parecia nem estar ali. Quando acabou, levantou para levar o prato à pia. Antes, deu uma paradinha ao lado da cadeira da avó e falou:

"Já reparou que, às vezes, a gente faz escolhas erradas que dão certo e escolhas certas que dão errado?".

...

O ano de 2018 foi especialmente desafiador para a escola de António. Por razões variadas, a turma da sala dele entrou em uma dinâmica especialmente turbulenta, rebelde e até agressiva. Foi preciso recorrer a uma psicopedagoga especializada nesse tipo de situação.

Eu acompanhava cada lance e, todo dia, na saída, perguntava como tinha sido a aula, quem tinha feito bagunça, se fulano e sicrana haviam se comportado... Até que ele bronqueou:

"Eu não sei da vida dos outros, mãe. Sei apenas da minha. E eu decidi tentar não sair tanto da sala para bater palmas para ver se atrapalho menos o que já está tão confuso".

...

Sou uma mãe "de boa", brincalhona e sarrista. Porém, a descontração some em segundos quando tenho de ficar repetindo algo para ser atendida. Dia desses, António estava no escritório vendo algo sobre o Rei Leão e eu já estava para mandá-lo à hakuna matata que o pariu de tanto chamar para almoçar. Cheguei na porta do escritório com fogo nas ventas:

"Ow, tá louco? Perdeu o amor à vida? Já te chamei trocentas vezes! Anda logo!".

"Mãe, olha pra mim. Eu sou o seu pai fazendo você", disse, sereníssimo, e começou a gesticular em uma mímica que imitava um cientista misturando ingredientes numa pipeta fictícia. — Muito bem, agora vou terminar a Lana. Só botar um pouquinho de ansiedade e... OH, NÃO, DEIXEI CAIR O VIDRO TODO! — exclamou, fingindo que tinha derramado todo o conteúdo do vidro de ansiedade.

Passou por mim sem nem me olhar e foi almoçar.

**Primeira edição** (fevereiro/2020)
**Papel de Capa** Cartão Triplex 250g
**Papel de Miolo** Lux Cream 90g
**Tipografias** Campton e Garamond
**Gráfica LIS**